法考精神体系

名师精编　深研命题

刑法突破120题

应试提点　实战推演

罗　翔◎编著　｜厚大出品

中国政法大学出版社

观千剑而后识器

厚大在线

硬核干货
八大学科学习方法、新旧大纲对比及增删减总结、考前三页纸等你解锁。

定期直播
备考阶段计划、心理疏导、答疑解惑，专业讲师与你相约"法考星期天"直播间。

免费课堂
图书各阶段配套名师课程的听课方式，课程更新时间获取，法考必备通关神器。

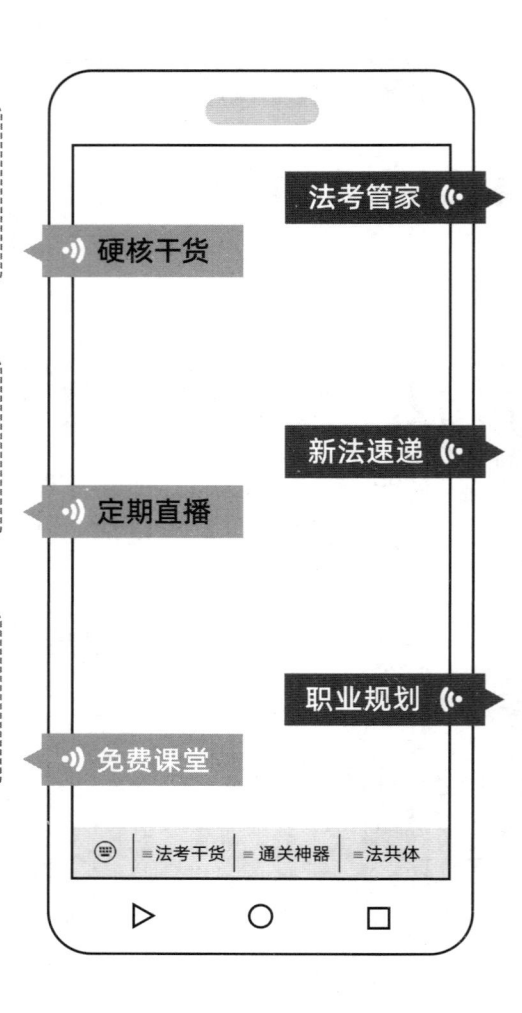

法考管家
法考公告发布、大纲出台、主客观报名时间、准考证打印等，法考大事及时提醒。

新法速递
新修法律法规、司法解释实时推送，最高院指导案例分享；牢牢把握法考命题热点。

职业规划
了解各地实习律师申请材料、流程，律师执业手册等，分享法律职业规划信息。

法考干货 | 通关神器 | 法共体

更多信息
关注厚大在线

HOUDA

代总序
做法治之光
——致亲爱的考生朋友

如果问哪个群体会真正认真地学习法律，我想答案可能是备战法考的考生。

当厚大的老总力邀我们全力投入法考的培训事业，他最打动我们的一句话就是：这是一个远比象牙塔更大的舞台，我们可以向那些真正愿意去学习法律的同学普及法治的观念。

应试化的法律教育当然要帮助同学们以最便捷的方式通过法考，但它同时也可以承载法治信念的传承。

一直以来，人们习惯将应试化教育和大学教育对立开来，认为前者不登大雅之堂，充满填鸭与铜臭。然而，没有应试的导向，很少有人能够真正自律到系统地学习法律。在许多大学校园，田园牧歌式的自由放任也许能够培养出少数的精英，但不少学生却是在游戏、逃课、昏睡中浪费生命。人类所有的成就靠的其实都是艰辛的训练；法治建设所需的人才必须接受应试的锤炼。

应试化教育并不希望培养出类拔萃的精英，我们只希望为法治建设输送合格的人才，提升所有愿意学习法律的同学整体性的法律知识水平，培育真正的法治情怀。

厚大教育在全行业中率先推出了免费视频的教育模式，让优质的教育从此可以遍及每一个有网络的地方，经济问题不会再成为学生享受这些教育资源的壁垒。

最好的东西其实都是免费的，阳光、空气、无私的爱，越是弥足珍贵，越是免费的。我们希望厚大的免费课堂能够提供最优质的法律教育，一如阳光遍洒四方，带给每一位同学以法律的温暖。

没有哪一种职业资格考试像法考一样，科目之多、强度之大令人咂舌，这也是为什么通过法律职业资格考试是每一个法律人的梦想。

法考之路，并不好走。有沮丧、有压力、有疲倦，但愿你能坚持。

坚持就是胜利，法律职业资格考试如此，法治道路更是如此。

当你成为法官、检察官、律师或者其他法律工作者，你一定会面对更多的挑战、更多的压力，但是我们请你持守当初的梦想，永远不要放弃。

人生短暂，不过区区三万多天。我们每天都在走向人生的终点，对于每个人而言，我们最宝贵的财富就是时间。

感谢所有参加法考的朋友，感谢你愿意用你宝贵的时间去助力中国的法治建设。

我们都在借来的时间中生活。无论你是基于何种目的参加法考，你都被一只无形的大手抛进了法治的熔炉，要成为中国法治建设的血液，要让这个国家在法治中走向复兴。

数以万计的法条，盈千累万的试题，反反复复的训练。我们相信，这种貌似枯燥机械的复习正是对你性格的锤炼，让你迎接法治使命中更大的挑战。

亲爱的朋友，愿你在考试的复习中能够加倍地细心。因为将来的法律生涯，需要你心思格外的缜密，你要在纷繁芜杂的证据中不断搜索，发现疑点，去制止冤案。

亲爱的朋友，愿你在考试的复习中懂得放弃。你不可能学会所有的知识，抓住大头即可。将来的法律生涯，同样需要你在坚持原则的前提下有所为、有所不为。

亲爱的朋友，愿你在考试的复习中沉着冷静。不要为难题乱了阵脚，实在不会，那就绕道而行。法律生涯，道阻且长，唯有怀抱从容淡定的心才能笑到最后。

法律职业资格考试不仅仅是一次考试，它更是你法律生涯的一次预表。

我们祝你顺利地通过考试。

不仅仅在考试中，也在今后的法治使命中——

不悲伤、不犹豫、不彷徨。

但求理解。

厚大®全体老师　谨识

目 录

第1讲　刑法的基础知识 ·· 1
　　专题1　刑法的基础知识 ·· 1
　　答案及解析 ·· 3

第2讲　犯罪构成理论 ·· 5
　　专题2　客观构成要件 ·· 5
　　专题3　主观构成要件 ·· 7
　　专题4　违法阻却事由 ·· 9
　　专题5　责任阻却事由 ·· 11
　　答案及解析 ·· 11

第3讲　特殊犯罪构成之未完成罪 ······································ 19
　　专题6　未完成罪 ··· 19
　　答案及解析 ·· 22

第4讲　特殊犯罪构成之共同犯罪 ······································ 26
　　专题7　共同犯罪 ··· 26
　　答案及解析 ·· 32

第5讲　罪数和刑罚 ·· 38
　　专题8　罪数形态 ··· 38
　　专题9　刑罚制度 ··· 39
　　答案及解析 ·· 45

· 1 ·

第 6 讲 国家安全和公共安全犯罪 ··· 53
    专题 10   分则概说和危害国家安全罪 ································· 53
    专题 11   危害公共安全罪 ·· 54
    答案及解析 ··· 57

第 7 讲 经济犯罪 ··· 62
    专题 12   经济犯罪 ·· 62
    答案及解析 ··· 69

第 8 讲 人身犯罪 ··· 76
    专题 13   人身犯罪 ·· 76
    答案及解析 ··· 81

第 9 讲 财产犯罪 ··· 86
    专题 14   强制型财产犯罪 ·· 86
    专题 15   平和型财产犯罪 ·· 89
    答案及解析 ··· 93

第 10 讲 贪污贿赂犯罪和其他 ··· 98
    专题 16   妨害社会管理秩序罪 ·· 98
    专题 17   贪腐渎职犯罪 ·· 100
    答案及解析 ··· 103

答案速查表 ··· 108

第1讲 刑法的基础知识

专题 1 刑法的基础知识

1. 关于罪刑法定原则及其内容，下列哪些选项是错误的？（   ）（多选）

　　A. 学理解释中的类推解释可以纳入立法解释和司法解释

　　B. 刑法中的构成要素存在价值判断，具有一定的模糊性，这并不违反罪刑法定原则

　　C. 当罪刑相适应原则与罪刑法定原则发生冲突时，应该为了罪刑均衡而牺牲罪刑法定原则

　　D. 对行为人有利的缩小解释符合罪刑法定原则

[考　点] 罪刑法定原则

2. 关于刑法的解释，下列说法正确的是：（   ）（单选）

　　A. 将同居男女解释为虐待罪中的共同生活的家庭成员是违反罪刑法定原则的类推适用

　　B. 《刑法》第133条之一规定的危险驾驶罪包括醉酒驾驶机动车，因此醉酒驾驶摩托车不构成此罪

　　C. "诱骗、强迫被拐卖的妇女卖淫或者将被拐卖的妇女卖给他人迫使其卖淫的"，是拐卖妇女罪的加重情节，不能将幼女类推为妇女

　　D. 军人故意泄露军事秘密构成故意泄露军事秘密罪，故意泄露军事秘密以外的其他国家秘密可以构成故意泄露国家秘密罪

[考　点] 刑法的解释

3. 关于刑法的适用，下列说法正确的有：（　　　　）（多选）

A. 甲以杀害中国境内的乙为目的，从国外寄送毒药到中国。乙的女友 M 国人丙在中国饮用此毒药，前往美国后死亡。虽然在中国没有发生死亡结果，但也可以适用中国刑法

B. 甲国的刘某乘飞机途经中国领空，降落在 C 国后，将 C 国的汤姆杀害。不能适用中国刑法

C. 中国人在境外开设赌场，由于该行为在境外不构成犯罪，且按照我国刑法法定最低刑为管制，所以可以不予追究

D. 无国籍人在我国以外犯罪的，我国刑法都无管辖权

[考点] 空间效力

4. 关于溯及力，下列哪些选项是正确的？（　　　　）（多选）

A. 甲 2011～2014 年受贿上亿元，2016 年案发。如果按照《刑法修正案（九）》之前的刑法规定判处死刑缓期执行可以实现罪刑均衡，对其就不可以适用死缓并终身监禁制度

B. 乙 2015 年向国家工作人员行贿 50 万元，2024 年 5 月 1 日被发现。因《刑法修正案（十二）》对行贿罪的法定刑进行了调整，将基本刑从"处 5 年以下有期徒刑或者拘役，并处罚金"调整至"处 3 年以下有期徒刑或者拘役，并处罚金"，对于乙的行为不能再进行追诉

C. 丙系某民营企业直接负责的主管人员，徇私舞弊，将公司、企业资产低价折股或者低价出售，致使公司、企业利益遭受重大损失，即便该行为发生在 2022 年，2024 年 3 月 1 日以后被发现，仍然要以徇私舞弊低价折股、出售公司、企业资产罪论处

D. 《最高人民法院、最高人民检察院关于办理强奸、猥亵未成年人刑事案件适用法律若干问题的解释》于 2023 年 6 月 1 日生效，该解释规定，负有特殊职责的人员多次实施强奸、奸淫的，属于"情节恶劣"。2021 年 1 月～2022 年 1 月，甲多次对不满 14 岁的女儿实施奸淫行为。由于司法解释不能溯及既往，所以对甲的行为不能以强奸罪的加重情节论处

[考点] 时间效力

答案及解析

1. [考点] 罪刑法定原则

[答案] ACD

[解析] A 错误。只要是解释就不能进行类推，所以立法解释和司法解释都不能够进行类推，学理解释中的类推解释不能纳入立法解释和司法解释。

B 正确。刑法中存在规范性构成要件要素，存在价值判断，如淫秽物品，有一定的模糊性，但这也符合罪刑法定原则。

C 错误。罪刑法定原则是首位原则，不能为了罪刑均衡而牺牲罪刑法定原则。

D 错误。缩小解释可能对行为人有利，也可能对行为人不利，关键要看是否符合刑法保护的目的，比如把故意杀人罪中的"人"缩小解释为"精神正常的人"，这对行为人有利，但不符合刑法保护的目的，不符合罪刑法定原则。

本题为选非题，故答案为 ACD。

2. [考点] 刑法的解释

[答案] D

[解析] A 错误。根据客观解释，同居男女可以解释为共同生活的家庭成员。另外，《反家庭暴力法》第37条规定："家庭成员以外共同生活的人之间实施的暴力行为，参照本法规定执行。"

B 错误。机动车包括摩托车。

C 错误。"诱骗、强迫被拐卖的妇女卖淫或者将被拐卖的妇女卖给他人迫使其卖淫的"其中的妇女包括幼女，否则就会导致体系性的不平衡。

D 正确。故意泄露军事秘密罪是特殊的故意泄露国家秘密罪，因此，如果军人故意泄露军事秘密以外的其他国家秘密，那就构成故意泄露国家秘密罪。

3. [考点] 空间效力

[答案] AB

[解析] A 正确。结果有可能发生在中国的，也属于在中国犯罪。

B 正确。单纯经过中国不属于在中国犯罪。

C 错误。《刑法》第 7 条第 1 款规定："中华人民共和国公民在中华人民共和国领域外犯本法规定之罪的，适用本法，但是按本法规定的最高刑为 3 年以下有期徒刑的，可以不予追究。"根据《刑法》第 303 条第 2 款的规定，开设赌场的，处 5 年以下有期徒刑、拘役或者管制，并处罚金；情节严重的，处 5 年以上 10 年以下有期徒刑，并处罚金。其法定最高刑为 5 年，所以并非不予追究。

D 错误。外国人和无国籍人在外国犯罪，如果被害人是中国人，或者实施的犯罪是国际犯罪，则有可能按照保护管辖原则或普遍管辖原则由我国刑法管辖。

4. [考点] 时间效力

[答案] AB

[解析] A 正确。司法解释规定，根据修正前《刑法》判处死刑缓期执行不能体现罪刑相适应原则（即要判处死刑立即执行），而根据修正后《刑法》判处死刑缓期执行同时决定在其死刑缓期执行二年期满依法减为无期徒刑后，终身监禁，不得减刑、假释可以罚当其罪的，适用修正后《刑法》第 383 条第 4 款的规定。根据修正前《刑法》判处死刑缓期执行足以罚当其罪的（即只需要判处死缓，无需判处死刑立即执行），不适用修正后《刑法》第 383 条第 4 款的规定。

B 正确。行贿罪的法定刑发生了变化，行贿 50 万元原来的基本刑是 5 年以下有期徒刑或者拘役，追诉时效为 10 年，但现在的基本刑是 3 年以下有期徒刑或者拘役，追诉时效为 5 年。应当适用从旧兼从轻原则，故不能再进行追诉。

C 错误。《刑法修正案（十二）》将徇私舞弊低价折股、出售公司、企业资产罪的主体从国有主体扩张到民营企业，按照从旧兼从轻原则，对于丙的行为不能溯及既往。

D 错误。司法解释可以溯及既往。

第2讲　犯罪构成理论

专题 2　客观构成要件

5. 关于构成要件要素，下列说法错误的是：（　　）（单选）

　　A. 受贿罪中的"为他人谋取利益"属于主观的构成要件要素。至于目的实现与否，不影响犯罪的成立以及犯罪既遂的成立

　　B. 徇私枉法罪中的（主体）司法工作人员属于规范性构成要件要素

　　C. 行为人传播淫秽物品，只要他认识到该物品有点"辣眼睛"，社会一般人也觉得属于淫秽物品，行为人就具备了对淫秽物品的认识

　　D. 敲诈勒索罪中的"被害人陷入恐惧"属于成文的、客观的构成要件要素

　　[考 点] 构成要件要素

6. 关于单位犯罪，下列说法正确的有：（　　）（多选）

　　A. 某有限责任公司从事走私活动，获利颇丰，后该公司被兼并，仍应追究主要责任人的责任

　　B. 乙公司和戊公司都是甲公司的分公司，乙、戊两公司决定一起从事走私活动。两个公司属于走私罪的共同犯罪

　　C. 丙公司为加快建筑工程的进展雇佣农民工，采取限制人身自由的方式强迫劳动。丙公司成立单位犯罪

　　D. 丁医院院长长期指示妇产科的医生将人工引产的妇女所生产的婴儿卖给他人，收取的高额收养费用作为单位的小金库。丁医院构成拐卖儿童罪

　　[考 点] 单位犯罪

7. 下列说法正确的有：（　　）（多选）

A. 甲是小学教师，在上课时发现有学生晕倒，甲未予理睬，后该学生死亡。甲可能构成不纯正的不作为犯

B. 甲将自己的一把利刀递给12岁的乙观赏时，乙突然持刀伤害丙。即使甲在现场，也不产生作为义务

C. 甲在开车时和妻子乙发生口角，乙打开车门跳车，甲置之不理。后查明，乙在甲离开现场5分钟后死亡。甲构成不作为的故意杀人罪

D. 张某为丁取保候审提供担保，在丁逃离所居住地方时，明知道丁的联系方式，但是拒绝向司法机关提供。张某可能构成不作为犯

[考点] 不作为犯

8. 下列说法正确的有：（　　）（多选）

A. 冬夜，张某遭他人追杀，看到李四骑着摩托车，遂将李四推倒在地。如果李四后来因腿骨断裂无法行走被冻死，那么，就有必要肯定张某具有救助义务

B. 甲发现妻子和邻居王某在家偷情，愤而捉奸。王某非常害怕，从三楼窗户跳楼逃跑，摔断腿骨。妻子让甲送王某就医，甲拒绝，王某后因流血过多而死。甲的行为构成不作为犯

C. 父母看到11岁的孩子在欺负同学，强迫同学食粪但置之不理，被霸凌者后精神失常，重度抑郁。父母即便不构成故意伤害罪，也可以构成其他犯罪

D. 丙带着毒蛇，并以蛇吓唬戊女，欲行不轨，戊拼命反抗，毒蛇反咬丙，丙倒地，请求戊将其送医，戊置之不理。戊不构成犯罪

[考点] 不作为犯

9. 关于刑法上的因果关系，下列哪一选项是正确的？（　　）（单选）

A. 甲是生物学博士，知道餐厅采购的蘑菇有毒，但没有告诉聚餐的同事，后同事中毒受重伤。甲与同事的重伤结果没有因果关系

B. 甲、乙共谋抢劫，甲望风，乙进房间抢劫，遇到被害人反抗，乙将被害人杀害。甲的望风行为与被害人的死亡结果没有因果关系

C. 高速公路上的司机将被前一车辆撞伤的被害人送到加油站后放置不管，被害人后死去。司机属于自愿接受，司机的行为与被害人的死亡结果有因果

关系

D. 甲为了毒死张三，向准备送给张三的名贵红酒里面注入毒药，并将红酒放在自己家的书架上，当晚来盗窃的李四见到名贵红酒，一饮而尽，当场毒发身亡。按照法定符合说，甲构成故意杀人罪的既遂

[考点] 刑法上的因果关系

10. 下列说法错误的有：（　　）（多选）

A. 甲强奸已满14周岁的未成年女性，导致其感染艾滋病。甲属于强奸致使被害人重伤的结果加重犯

B. 乙欲杀害7岁的王五，遂将其打"死"，但其实王五只是昏迷，王五的母亲见到昏迷的王五，虽然知道孩子未死，但拒绝送医，后王五死亡。乙成立故意杀人罪的未遂

C. "在生产、作业中违反有关安全管理的规定，有下列情形之一，具有发生重大伤亡事故或者其他严重后果的现实危险的……"其中的"现实危险"不是构成要件结果

D. 丁将张三打"死"后，次日又为了泄愤将"尸体"的头颅割下。后查明，张三系被割头而死。对丁应当以故意杀人罪的既遂和侮辱尸体罪数罪并罚

[考点] 刑法上的因果关系

专题 3　主观构成要件

11. 关于认识错误，下列说法正确的有：（　　）（多选）

A. 张三意图射杀李四，朝"李四"开枪致其死亡，但后来发现死者并非李四，而是酷似李四的王五。按照具体符合说，张三不构成故意杀人罪的既遂

B. 张三欲射杀李四，但误打中王五，致其死亡。按照法定符合说，张三构成故意杀人罪的既遂；按照具体符合说，张三构成故意杀人罪未遂和过失致人死亡罪的想象竞合

C. 张三闯入李四家欲杀之，见地上睡着两人，遂朝左边的"李四"射杀，但事实上杀的是王五。张三属于对象错误，按照具体符合说，构成故意杀人罪的既遂

D. 张三欲射杀李四，却导致李四、王五二人死亡。按照具体符合说，张三构成故意杀人罪的既遂和过失致人死亡罪的想象竞合

[考点] 认识错误

12. 下列说法正确的是：（　　）（单选）

A. 甲在张三的车上（车停在商城地下车库）安装炸弹，只有启动车辆才会爆炸，但当天李四借用张三的车辆，被炸死。甲的行为不是对象错误，也不是打击错误

B. 甲意图销售劣药，但却销售了伪劣的兽药。如果不考虑数额，甲的行为成立销售劣药罪

C. 甲以为自己在出售《刑法学》教科书，但因为拿错了货，其实是在出售淫秽书刊。甲出现了法律认识错误，不能排除传播淫秽物品牟利罪的犯罪故意

D. 甲想走私武器，但事实上走私的是弹药。无论按照法定符合说还是具体符合说，甲均构成走私弹药罪

[考点] 认识错误

13. 下列说法正确的有：（　　）（多选）

A. 甲是中学老师，和15岁的女生发生性关系，甲认为这是你情我愿之事，属于美好的校园恋情。即便甲出现了法律认识错误，其行为也构成犯罪

B. 乙在公园散步，看到前方跑步的李四掉了包，乙认为该包是遗忘物，自己没有告知李四的义务，待李四跑远后，乙将该包拿走（内有2000元现金和价值1万元的墨镜）。乙的行为不构成盗窃罪

C. 甲以故意杀人的意图将有毒饮料交给乙后突发精神病，丧失责任能力，乙喝了毒药后死亡。甲的行为成立故意杀人罪既遂

D. 甲抢劫杀人，将被害人"尸体"扔入河中，但后查明被害人系溺水而亡。按照通说，甲成立抢劫罪和故意杀人罪的未遂，应当数罪并罚

[考点] 认识错误

专题 ❹ 违法阻却事由

14. 下列说法正确的有：（　　）（多选）

　　A. 张三销售盗版书籍，作者甲从旁边经过发现此事，非常生气，故痛殴张三，致其轻伤。甲的行为不属于正当防卫

　　B. 甲遭乙骑摩托车追杀，情急之下夺过乙的摩托车骑上就跑，乙被摔骨折。甲的行为只构成正当防卫，不构成紧急避险

　　C. 刘某看到王五的幼女掉入河中，但王五依然无动于衷，遂喝令王五下水救助。王五不听，刘某遂殴打王五，致其轻伤，王五无奈下河将幼女救上岸。刘某的行为属于正当防卫

　　D. 李四见窃贼入室盗窃，遂大叫一声"谁"，窃贼闻声大惊，逃离现场，踩到香蕉皮滑倒，摔成重伤。李四的行为属于正当防卫

　　[考　点] 正当防卫和紧急避险

15. 张某与李某有仇，欲除之而后快。一日，张某守候在李某家门口，准备用偷来的枪支射杀李某。此时李某也携带自制火药枪准备外出打猎，刚出家门，突然火药枪走火，将正在向他瞄准的张某打死。关于本案，有下列观点：

　　① 正当防卫不需要有防卫认识
　　② 正当防卫只需要有防卫认识，即只要求防卫人认识到不法侵害正在进行
　　③ 正当防卫只需要有防卫意志，即只要求防卫人具有保护合法权益的意图
　　④ 正当防卫既需要有防卫认识，也需要有防卫意志

　　能够得出李某的行为属于正当防卫的是：（　　）（单选）

　　A. 观点①　　　　　　　　B. 观点②
　　C. 观点③　　　　　　　　D. 观点④

　　[考　点] 防卫意图

16. 下列说法正确的有：（　　）（多选）

　　A. 甲、乙合谋入户盗窃，两人进入丙家。甲被丙发现，两人发生打斗，丙用棍子击打甲，但棍子飞了出去，将在暗处的乙击成轻伤。丙的行为可能构成正当防卫

B. 甲明知道女方有严重性病依然和其发生性关系，导致感染性病。这属于得到被害人承诺的伤害

C. 甲同意他人披露自己的个人信息，虽然披露行为不构成侵犯公民个人信息罪，但如果个人信息涉及国家秘密，披露行为仍然可能构成犯罪

D. 甲在乘坐高铁时，旁边的乘客乙在外放不雅视频，甲希望乙戴上耳机观看或者关掉视频，乙非常生气，怒骂甲多管闲事。甲和乙对骂，此时，乙用手掌猛扇甲耳光，甲遂用拳头击中乙的脸部，导致乙轻伤。甲的行为不构成犯罪

[考 点] 超法规的违法阻却事由

17. 下列说法正确的有：（　　）（多选）

A. 法医没有得到家属同意就解剖被害人尸体。法医的行为属于职务行为，故不构成侮辱尸体罪

B. 王某用铁棍打张某，张某拿起旁边丙的名贵折刀还击，折刀被打断。张某的行为属于紧急避险

C. 甲的妻子急需输血，否则有生命危险，但甲的妻子血型特别，血库无此血型。甲得知李四是此血型，向李四购买血液，李四拒绝。甲万般无奈，将李四打昏，抽出其血液400毫升。这不属于紧急避险

D. 丁的摩托车被盗，次日在街角发现，遂将己车"偷"回，但后发现并非自己的摩托车，遂将摩托车卖给他人。丁的行为虽然不成立自救行为，但也不构成犯罪

[考 点] 紧急避险

18. 下列说法正确的有：（　　）（多选）

A. 甲、乙为足球运动员，在足球比赛中，甲并未犯规，但将乙踢成轻伤。甲的行为不构成犯罪

B. 甲的岳母和母亲都落入水中，甲先救母亲，结果岳母被淹死。甲的行为属于义务冲突

C. 甲误以为自己肾有重疾，要求医生乙为其摘除肾脏，乙发现甲非常健康，但是依然为甲摘除了肾脏。甲的承诺有效，乙不构成犯罪

D. 警察甲发现某人在暴力强奸自己的女友，非常生气，在没有表明自己的身份的情况下，将此人打成重伤。甲的行为属于特殊防卫和法令行为的

竞合

[考 点] 违法阻却事由

专题 ❺ 责任阻却事由

19. 下列说法错误的有：（　　）（多选）

　　A. 张三在实施伤害时，突然陷入无责任能力状态，在此状态下连砍被害人50刀，被害人死亡。张三对死亡结果不承担责任

　　B. 甲13岁，因为和同学吵架，觉得全班同学都看不起他，萌生了毒死全班同学的念头，遂在食物中投毒，导致全班同学中毒，但后来均抢救成功得以存活。甲的行为虽然没有造成重伤结果，但情节恶劣，经最高人民检察院核准追诉的，也应当负刑事责任

　　C. 张三经常失眠，听人说罂粟壳可以治失眠，遂大量种植罂粟（600株）。张三属于自救行为，故不构成犯罪

　　D. 张三是瘾君子，一次吸毒后产生幻觉以为李四要攻击自己，遂将李四打成重伤。张三的行为成立故意犯罪

[考 点] 责任阻却事由

20. 关于刑事责任，下列哪些说法是正确的？（　　）（多选）

　　A. 13周岁的甲实施毒品犯罪，张三为其提供包庇。张三的行为不构成犯罪

　　B. 甲教唆盗窃犯罪分子盗窃后销赃。虽然小偷对销赃不承担责任，但是甲仍然构成犯罪

　　C. 丙系精神病人，对所有过失犯罪均不承担刑事责任

　　D. 76周岁的丁醉酒驾车致人死亡，对其行为应当从轻或减轻处罚

[考 点] 责任阻却事由

答案及解析

5. [考 点] 构成要件要素

[答 案] D

[解析] A 正确。目的要素是主观要素，且系主观超过要素，无需相匹配的客观要素就可以成立犯罪既遂。

B 正确。司法工作人员的认定存在价值判断，具有规范性，这属于法律评价要素。

C 正确。规范性要素也需要存在明知，但这种认识只要求对事实基础存在主观认识，对于评价内容则采取客观一般人标准。

D 错误。敲诈勒索罪中的"被害人陷入恐惧"是不成文的构成要件要素，因为法条中并无此规定。同时，这也是客观的构成要件要素。

本题为选非题，故答案为 D。

6. [考点] 单位犯罪

[答案] ABC

[解析] A 正确。公司实施单位犯罪后，被兼并更名的，仍应当追究单位责任，但仅处罚直接责任人。这是因为，原单位因被兼并更名已经消失。故不处罚原单位，也不处罚兼并更名后的新单位。

B 正确。单位的分支机构也可以成立单位犯罪，同时单位和单位可以成立共同犯罪。

C 正确。强迫劳动罪有单位犯罪。

D 错误。拐卖儿童罪没有单位犯罪。

7. [考点] 不作为犯

[答案] AD

[解析] A 正确。教师有报告义务，虽然不构成遗弃罪，但可能构成过失致人死亡罪，而后者属于不纯正的不作为犯。

B 错误。甲拿刀给未成年人，产生了危险，所以有作为义务。

C 错误。成立不作为犯必须有回避可能性，如果行为人履行了作为义务，但仍然无法避免结果的发生，那就不成立不作为犯。在本案中，甲虽然有法定的救助义务，但是即使他救助也无法避免死亡结果的发生，所以不成立不作为犯。

D 正确。《最高人民法院、最高人民检察院关于办理窝藏、包庇刑事案件适用法律若干问题的解释》第1条第2款规定，保证人在犯罪的人取保候审期间，协助其逃匿，或者明知犯罪的人的藏匿地点、联系方式，但拒绝向司法机关提供的，应当依照《刑法》第310条第1款的规定，对保证人以窝藏罪定罪处罚。

8. [考 点] 不作为犯
[答 案] ACD
[解 析] A 正确。这属于避险过当，构成犯罪，故有救助义务。
　　B 错误。危险是王某自己造成的，甲没有救助义务，所以甲不构成犯罪。
　　C 正确。父母有监护义务，可以构成侮辱罪。
　　D 正确。丙自己创设了危险，和女方没有关系，女方没有救助义务，所以不构成犯罪。

9. [考 点] 刑法上的因果关系
[答 案] A
[解 析] A 正确。甲没有危害行为，危险并非其所创设。
　　B 错误。共犯对结果都存在因果关系。
　　C 错误。司机降低了危险，所以不属于不作为的危害行为，也就不会存在因果关系。
　　D 错误。预备行为与结果无因果关系，甲构成故意杀人罪的犯罪预备和过失致人死亡罪的想象竞合，这并非打击错误，因为打击错误发生在实行阶段，所以无需按照法定符合说分析。

10. [考 点] 刑法上的因果关系
[答 案] BCD
[解 析] A 正确。强奸行为导致女方感染艾滋病，强奸行为与重伤结果之间存在因果关系。根据《最高人民法院、最高人民检察院关于办理强奸、猥亵未成年人刑事案件适用法律若干问题的解释》第4条的规定，强奸已满14周岁的未成年女性或者奸淫幼女，致使其感染艾滋病病毒的，应当认定为《刑法》第236条第3款第6项规定的"致使被害人重伤"。
　　B 错误。不作为无法切断因果关系。
　　C 错误。《刑法》分则中有不少法条明文规定了危险结果，甚至将危险结果与实害结果等同评价。危险作业罪的构成要件是，"在生产、作业中违反有关安全管理的规定，有下列情形之一，具有发生重大伤亡事故或者其他严重后果的现实危险的……"其中的"现实危险"就是构成要件结果。

D错误。因为是次日才致人死亡，所以因果关系被切断，前行为构成故意杀人罪的未遂，后行为属于过失致人死亡和侮辱尸体罪的想象竞合。不能以故意杀人罪的既遂和侮辱尸体罪数罪并罚。

本题为选非题，故答案为BCD。

11. [考 点] 认识错误

[答 案] BCD

[解 析] 具体符合说与法定符合说最大的分歧在于客观上不同的客体能否等价。具体符合说关注具体客体，认为每个客体都有其独特价值，不能一律等价视之；而法定符合说关注抽象客体，认为不同客体之间若在本质上有相同点，在相同本质上可以等价。我国的通说是法定符合说。

A错误。这是对象错误，具体符合说和法定符合说都认为成立既遂。

B正确。这是打击错误，法定符合说和具体符合说处理不同，具体符合说要分别处理，不能等价。

C正确。张三所意欲侵害的人和实际侵害的人不一致，属于典型的对象错误，法定符合说和具体符合说都认为成立故意杀人罪的既遂。

D正确。具体符合说要分别评价。

12. [考 点] 认识错误

[答 案] A

[解 析] 打击错误在主观认识上并无错误，只是行为产生偏差而发生意外的结果；而对象错误在主观上存在认识错误，以致行为结果与其认识存在错误。在打击错误中，错误是在着手之后发生的；而在对象错误中，错误则与着手同时产生。

A正确。这种行为可能危及公共安全，构成爆炸罪，所以没有认识错误，都在行为人的概括性故意之内。

B错误。普通法和特别法在普通法中重合，人药和兽药只在伪劣产品的范围内重合，所以成立销售伪劣产品罪。

C 错误。这是事实错误，可以排除犯罪故意。

D 错误。这是选择重合，选择重合主要针对选择性罪名中的行为对象在法律意义上的重合。例如，行为人主观上想拐卖妇女，客观上拐卖了儿童，由于拐卖妇女、儿童罪是选择性罪名，所以可以作如下推导：行为人主观上想拐卖妇女或儿童，而客观上拐卖了儿童，自然在儿童的范围内重合，根据法定符合说，直接认定为拐卖儿童罪的既遂即可。D 中，甲想走私武器，但事实上走私的是弹药，按照法定符合说，甲构成走私弹药罪；但如果按照具体符合说，甲则构成走私武器罪的未遂。

13. [考点] 认识错误
[答案] AC
[解析] A 正确。甲的法律认识错误是一般人可以避免的，故不免责。

B 错误。主客观相统一原则中的主观必须在行为人所认识到的主观事实上进行规范，而非自己纯主观的评价。B 中，乙的主观心态按照社会规范应当评价为盗窃的故意，当主人就在现场时，财物应当推定归主人占有，乙客观上又有占有行为，故成立盗窃罪。

C 正确。在实施行为时甲有责任能力。

D 错误。这是事前故意，抢劫过程中杀人属于抢劫致人死亡，故应该成立抢劫罪的加重犯一罪。

14. [考点] 正当防卫和紧急避险
[答案] AC
[解析] A 正确。对侵犯著作权的犯罪不能进行正当防卫。对社会利益、国家利益的侵害，虽然可能属于不法侵害，但只有这种社会利益和国家利益与个人利益有密切关系，且对个人利益有紧迫的危险时，才可进行正当防卫。

B 错误。为制止正在进行的不法侵害，使用不法侵害人的财物反击不法侵害人，对于不法侵害人的财物而言，这可能成立紧急避险，但是如果同时对不法侵害人造成了人身损害，是可以成立正当防卫的。

C 正确。对于不作为行为也是可以进行正当防卫的。

D错误。如果损失不是行为人的行为所导致的，或者行为根本没有造成损失，那自然不属于正当防卫。

15. [考点] 防卫意图
[答案] A
[解析] 行为人并无正当防卫的意图，但客观上符合了正当防卫的其他条件，制止了不法侵害，这是偶然防卫。在本案中，只有按照观点①才能得出李某系正当防卫的结论。

16. [考点] 超法规的违法阻却事由
[答案] ACD
[解析] A正确。按照法定符合说，丙主观上想打坏人，客观上也打了坏人，所以属于正当防卫。当然如果按照具体符合说，这属于偶然防卫。

B错误。承诺是一种现实的承诺，不是推定承诺；也不是对风险的承诺，而是对结果的承诺。对风险的承诺是一种对可能性的承诺，并非现实的，它与对结果的承诺是两个不同的问题。本案是对感染性病风险的同意，而非对结果的同意，因而不能以得到被害人承诺阻却违法。

C正确。可能构成故意泄露国家秘密罪。

D正确。《最高人民检察院、公安部关于依法妥善办理轻伤害案件的指导意见》第9条规定，因琐事发生争执，双方均不能保持克制而引发打斗，对于过错的一方先动手且手段明显过激，或者一方先动手，在对方努力避免冲突的情况下仍继续侵害，还击一方造成对方伤害的，一般应当认定为正当防卫。

17. [考点] 紧急避险
[答案] BC
[解析] A错误。属于法令行为，而非职务行为。法令行为必须依法而为，法无授权皆禁止。

B正确。属于"正对正"。

C正确。紧急避险所保全的利益必须大于所损失的利益。在进行利益权衡的时候，应当根据社会规范，按照社会一般观念，进行相当性的衡量。如果无视社会伦理规范的制约，单纯的利益权衡会得出许多荒谬的结论。例如，为了不让自己身上名贵的西装被雨淋湿就夺过穿着破衣烂衫的穷人的雨伞，或者为了挽救重病患者的生命而强行从旁边经过的第三者身上采血的情形，纯粹按照优越利益衡量说，都会得出紧急避险的结论，而这明显是错误的。

D 错误。丁的行为属于假想自救，不构成盗窃罪，但其后面的处分行为构成侵占罪。

18.
[考点] 违法阻却事由

[答案] AB

[解析] A 正确。是业务行为。

B 正确。是义务冲突。

C 错误。乙知道甲陷入认识错误，有告知义务，利用他人的认识错误造成他人身体重大伤害，构成故意伤害罪。

D 错误。这不是法令行为，甲并未表明自己的警察身份，只属于特殊防卫。

19.
[考点] 责任阻却事由

[答案] ABC

[解析] 如果行为人欲实施甲罪，但在实施甲罪过程中突发精神病，丧失责任能力，最后实施了甲罪，这个偏离不重大，行为人构成甲罪的既遂。如果行为人欲实施甲罪，但在实施甲罪过程中突发精神病，丧失责任能力，最后实施了乙罪，这个偏离重大，行为人构成甲罪的未遂，但对乙罪不承担责任。如果甲、乙两罪有重合部分，则在重合部分内成立既遂。

A 错误。在本案中，伤害和杀人在伤害的范围内重合，所以张三构成故意伤害致人死亡，对死亡结果要承担责任。

B 错误。《刑法修正案（十一）》吸收了恶意年龄补足制度，作为刑事责任年龄的一种例外性下调。已满12周岁不满14周岁的人，对于特定的犯罪，经过特定的程序，应当负刑事责任。这里的特定犯罪是犯故意杀人、故意伤害罪，致人死亡或者以特别残忍手段致人重伤造成严重残疾，同时要达到情节恶劣的程度。虽然此处的故意杀人和故意伤害是罪行而非罪名，但是如果没有造成严重后果，也不能适用这个条款。

C错误。是评价错误，应当取决于规范的评价，而非行为人自己的评价，张三构成非法种植毒品原植物罪。

D正确。假想防卫其实是一种责任减免事由，它符合故意伤害的构成要件，且具有违法性，只是在责任论上具有责任减免事由，可以否定故意，如果有过失，以过失犯罪论处，如果没有过失，则属于意外事件。在本案中，张三属于故意的原因自由行为，故意不能被否定，因此成立故意伤害罪。

本题为选非题，故答案为ABC。

20.

[考点] 责任阻却事由

[答案] BD

[解析] A错误。包庇罪中所包庇的犯罪人不需要达到责任年龄。

B正确。盗窃之后销赃，小偷的销赃行为由于责任阻却不可罚，但教唆者没有这种责任阻却事由，所以可以构成掩饰、隐瞒犯罪所得罪。

C错误。精神病人在不能辨认或者不能控制自己行为的时候造成危害结果，经法定程序鉴定确认的，不负刑事责任。因此，精神病人必须要完全丧失辨认、控制能力才不负刑事责任。

D正确。交通肇事罪是过失犯罪。《刑法修正案（八）》增加了对老年人犯罪的从宽处罚规定。已满75周岁的人故意犯罪的，可以从轻或者减轻处罚；过失犯罪的，应当从轻或者减轻处罚。

第3讲 特殊犯罪构成之未完成罪

专题 6 未完成罪

21. 下列说法正确的有：（　　）（多选）

A. 甲向乙开枪射击，并没有打中乙。但乙佯装被击中，大叫一声后倒地。甲顿生悔意将乙送往医院抢救。然而，即使甲不将乙送往医院，乙也绝对不会死亡。甲的行为成立犯罪中止

B. 李四给妻子投毒，见其万分痛苦，遂拨打120急救电话，但在救护车赶来之前逃跑。后医生赶到，将妻子救活，但妻子成为植物人。李四的行为成立犯罪中止，应当减轻处罚

C. 《刑法》第240条第1款规定了拐卖妇女、儿童罪的构成要件与法定刑，第2款规定："拐卖妇女、儿童是指以出卖为目的，有拐骗、绑架、收买、贩卖、接送、中转妇女、儿童的行为之一的。"从行为人的目的与行为的一般发展过程来看，拐骗、绑架、收买只是贩卖的预备行为

D. 李四给妻子王某投毒后逃跑，隔壁邻居听到王某喊叫，于是破门而入送王某前往医院，但因为超速发生事故，王某当场死亡。李四的行为成立故意杀人罪的犯罪未遂

[考点] 犯罪中止

22. 下列说法正确的有：（　　）（多选）

A. 甲使用驾车撞人的方法追杀被害人乙，但由于被害人躲闪较快，汽车始终不能撞到乙。随后，甲跳下车追上乙后猛掐乙的脖子，乙求情后，甲松开双手，放弃杀人行为。甲的行为成立犯罪中止

B. 甲将被害人锁在屋内并打开天然气后，离开现场。但后来又产生中止之

意，在室外将被害人家的门窗砸破，但在砸门的时候产生静电导致天然气爆炸，被害人被炸死。甲的行为成立故意杀人罪的犯罪既遂

C. 甲以抢劫故意，持枪（显示枪支）对被害人实施胁迫行为，在还没有压制被害人反抗时，突然觉得使用枪支不合适，就主动将枪支抛到20多米外，然后对被害人拳打脚踢，进而压制被害人的反抗，强取了财物。对甲只以普通型抢劫罪的既遂论处

D. 丙以强奸故意对被害人使用暴力，被害人为了避免被强奸，提出将自己的3000元现金给丙，丙拿走3000元现金，放弃了强奸行为。丙的行为成立强奸罪的犯罪中止，应当免除处罚

[考 点] 犯罪中止

23. 关于不能犯，有如下三种观点。据此，下列说法正确的是：（   ）（单选）

　　观点一：抽象危险说。该说以行为人认识的情况为基础，然后根据社会上一般人的认识来判断行为人预期进行的犯罪计划在客观上是否有实现犯罪的可能，即是否对法秩序具有抽象的危险。如果一般人认为行为人的行为有可能实现犯罪意图，就成立未遂犯；反之，没有可能实现犯罪意图的，就成立不能犯。

　　观点二：具体危险说。该说既以行为人认识的情况为基础，同时也以社会上一般人认识的情况为基础，将两者结合起来，共同判断行为人的行为是否具有实现犯罪的现实危险性。有危险性的，成立未遂犯；无危险性的，成立不能犯。

　　观点三：客观危险说。该说的宗旨主要是在行为发生后，也即事后，通过科学的因果法则，由社会上一般人针对当时的情况，去客观评价行为人的行为是否具有侵害法益的危险性。有危险性的，成立未遂犯；无危险性的，就成立不能犯。

　　案例一：行为人用手枪向他人射击，但手枪因埋在土里的时间太长，无法正常使用。

　　案例二：行为人想向领导投放炭疽粉末，但却误投了石灰粉。

　　案例三：行为人黑夜中朝"李四"射击，但其实"李四"是个橡胶人。

　　案例四：行为人拿石头朝天上的飞机砸去，但没有击中。

A. 按照观点一，案例一、二构成未遂
B. 按照观点二，案例二、三构成未遂
C. 按照观点三，案例三、四构成未遂
D. 按照观点一，案例二、四构成未遂

[考点] 不能犯

24. 下列说法错误的有：（　　）（多选）
A. 甲以为菊花茶可以让孕妇堕胎，遂偷偷地将菊花茶倒入怀孕的朋友李四的杯子中。甲的行为虽然无法造成危害结果，但也可以故意伤害罪的未遂论处
B. 乙是色盲，伪造了数万张百元面额的人民币，但均为绿色。无论按照什么学说，乙的行为都不构成犯罪
C. 丙是市政府的门卫保安，误认为自己是国家工作人员，接受他人请托并收受"贿赂"。丙的行为构成受贿罪
D. 丁欲射杀仇人乙，在瞄准时突然发现被瞄准的并非乙，而是丙，于是放弃。丁的行为成立犯罪中止

[考点] 未遂和中止的区分

25. 下列说法正确的有：（　　）（多选）
A. 张三购买枪支欲杀李四，在前往李四家的途中被抓获。对张三的行为应当以非法买卖枪支罪和故意杀人罪的犯罪预备数罪并罚
B. 甲因为妻子与乙通奸，就试图强奸乙的妻子丙，以解心头之恨。在对被害人实施暴力行为压制其反抗之后，发现被害人不是丙，因而放弃了奸淫行为。甲的行为成立犯罪未遂
C. 丙在实施抢劫行为时听到警车声便逃走了，但事实上此车是救护车。丙的行为成立抢劫未遂
D. 李某从邻居家中将一未满月的孩子抱出，但误抱了自己的孩子，卖给他人。李某的行为成立犯罪未遂

[考点] 犯罪形态的区分

26. 下列说法正确的有：（　　）（多选）
A. 甲撬开某单位保险柜，但里面空无一物。甲的行为不构成犯罪

B. 甲生产不符合食品安全标准的食品，但还没有销售。生产行为不过是预备行为，对甲不能以犯罪既遂论处

C. 刘某决定携带凶器潜入张某家将其孩子绑架以勒索财物，到张某家门口，发现有狗，刘某怕狗，于是返回，但其实当天张某家并无一人。刘某的行为属于绑架罪的犯罪预备

D. 乙登上中巴车，看到李四口袋中有一个首饰盒（内有价值50万元的钻戒），遂伺机盗窃，当把手伸进李四口袋时被一身着便装的武警喝止。乙的行为成立盗窃罪的犯罪预备

[考点] 犯罪形态的区分

27. 王某与李某有仇，欲杀之而后快。一日，王某遇见李某，用铁棍猛击李某头部，李某摇摇欲坠，不断求饶，王某良心发现，没有再次击打。李某随后倒地，地上正好有根钉子，李某头被钉子刺破，当场死亡。对于王某的行为，下列哪些说法是正确的？（　　）（多选）

A. 王某成立故意杀人罪，属于犯罪中止

B. 王某成立故意杀人罪，属于犯罪既遂

C. 如果无法证明王某用铁棍打击李某头部造成了致命伤，那王某对死亡就不承担故意的罪责，只能成立故意伤害致人死亡

D. 无论如何，王某都对死亡结果承担故意杀人罪的责任

[考点] 犯罪中止

答案及解析

21. [考点] 犯罪中止

[答案] ABD

[解析] A 正确。如果有死亡的危险可以成立中止，那么没有死亡危险就更可以成立中止，这是当然解释。

B 正确。这是造成损害结果的中止。

C 错误。拐骗、绑架、收买、贩卖、接送、中转妇女、儿童的行为都是拐卖妇女、儿童罪的实行行为。

D 正确。事故切断了因果关系，因此投毒和死亡没有因果关系，成

立犯罪未遂。

22. [考 点] 犯罪中止

[答 案] ABCD

[解 析] A 正确。甲属于自愿放弃可重复加害行为，其在当时仍然具备杀害被害人的能力，但出于自愿放弃了犯罪意图。中止犯的"造成损害"必须达到刑法评价的严重程度，换言之，必须具备某种轻罪的既遂标准。另外，"造成损害"的行为，必须是中止前的犯罪行为，而不应是中止行为本身所导致的。

B 正确。这属于因果关系的认识错误，介入因素从属于前行为，成立犯罪既遂。

C 正确。持枪抢劫的中止，免除处罚，单独定普通型抢劫罪。

D 正确。强奸中的财产损失不具有伴随性，与强奸无关。

23. [考 点] 不能犯

[答 案] A

[解 析] 抽象危险说是我国刑法传统的观点，它认为不能犯（除迷信犯以外）都是未遂。抽象危险说与客观危险说针锋相对，而具体危险说则是一种折中立场。抽象危险说是我国传统的学说，但现在也有不少学者主张具体危险说，很少有人主张客观危险说。司法考试的试题从未采取过客观危险说，对于考生而言，无论采取具体危险说还是抽象危险说，都是可以接受的，但是如果采取客观危险说，则会导致整个刑法体系的崩溃，很容易导致犯罪预备概念的消解。鉴于此话题有较大争议，只会采取开放性试题的考法。在法考中，一般采取具体危险说。其结论是：迷信犯是绝对不能犯，不可处罚。对于其他不能犯而言，如果一般人在事前觉得有危险，即是相对不能犯，应该以未遂论处。当然，如果水平一般，直接采取抽象危险说即可。

在案例一、二中，无论是以一般人的标准来看行为人之所想还是之所做，一般人都会觉得有危险，所以抽象危险说和具体危险说都认为构成未遂。在案例三中，按照行为人之所想，一般人觉得有危险；但是按照行为人之所做，一般人觉得没有危险。所以，按照抽象危险说构成未遂，按照具体危险说不构成未遂。案例四是迷信犯，所有的学说都认为不构成犯罪。按照客观危险说，四个案例都不构成未遂。

24. [考点] 未遂和中止的区分

[答案] ABCD

[解析] A 错误。是迷信犯，属于绝对不能犯，不构成犯罪。

B 错误。按照抽象危险说，这可以构成伪造货币罪的未遂。

C 错误。是幻觉犯，应当按照规范评价确定其主观故意，而非按照他自己的评价确定其主观心态，所以丙不构成受贿罪。

D 错误。属于未遂，在此情况下，丁并未向合法秩序回归（一个理性的犯罪人同样也不会开枪，因为冤有头，债有主，丁并未朝着尊重生命的法秩序回归），所以依然成立犯罪未遂。

本题为选非题，故答案为 ABCD。

25. [考点] 犯罪形态的区分

[答案] BC

[解析] A 错误。只有一个行为，应当从一重罪论处。

B 正确。甲的目的是泄愤，所以发现对象错误对其而言是大障碍，成立犯罪未遂。

C 正确。主观上欲达目的而不能。

D 错误。属于拐卖儿童罪的对象错误，已经构成既遂。

26. [考点] 犯罪形态的区分

[答案] BC

[解析] A 错误。针对数额巨大的财物进行盗窃，盗窃未遂应当处罚。

B 正确。成立生产、销售不符合安全标准的食品罪必须出现足以危害人体健康的具体危险，只有生产行为没有销售行为不可能出现这种具体危险，因此不成立犯罪既遂。

C 正确。这属于在预备阶段被迫放弃，成立犯罪预备。

D 错误。乙已经开始实施犯罪，成立犯罪未遂。司法解释规定，具有下列情形之一的，应当（按照盗窃罪未遂）追究刑事责任：①以数额巨大的财物为盗窃目标的；②以珍贵文物为盗窃目标的；③其他情节严重的情形。

27. [考 点] 犯罪中止
    [答 案] BD
    [解 析] BD 正确。王某成立故意杀人罪的既遂，无论击打头部是否造成致命伤，被害人被钉子刺死都并非异常因素，因果关系没有中断，所以王某成立故意杀人罪的既遂。

第4讲 特殊犯罪构成之共同犯罪

专题 7 共同犯罪

28. 关于共同犯罪，下列哪些说法是正确的？（　　）（多选）

A. 甲欲害死刚出生的女儿，偷偷在喂养女儿的奶粉中加入毒药，并告诉其妻子乙要及时喂女儿奶粉。乙不知甲在奶粉中投毒，喂奶粉时发现女儿不吃，还强行让女儿多吃几口，后女儿被毒死。乙属于片面共犯

B. 乙应邀为甲的入户盗窃望风，甲入户盗窃后还实施了强奸行为。甲、乙成立共同犯罪

C. 甲发现某商店失火后，立即到商店进行抢劫，到时发现乙也在失火地点窃取商品，两人没有说话，各自窃取完商品后，分别离开。甲、乙成立共同犯罪

D. 甲、乙二人共同杀害丙，甲的一发子弹射出（未击中），乙的枪失灵，丙实际因为枪响受惊，心脏病发作死亡。乙应承担杀人既遂的责任

[考 点] 共同犯罪的成立条件

29. 下列说法正确的有：（　　）（多选）

A. 甲欲通过传播、贩卖淫秽物品来牟利，向乙隐瞒牟利目的，利用乙传播淫秽物品。虽然乙没有牟利目的，但甲、乙可以成立共同犯罪

B. 乙为抢劫路人，用脚猛踢路人腰部将其踢昏，在旁边偷窥的丙也走向案发现场，在乙的示意下，用重拳猛击路人腰部。乙将路人的手表（价值1万元）强行摘走，丙拿走其手机（价值5000元）。后路人因脾脏破裂而死，但无法查明脾脏到底系谁打破。乙、丙对该路人的死亡结果都要

承担责任

C. 甲、乙不约而同去杀丙，甲从东边开枪，乙从西边开枪，丙被击毙，但之后发现丙身上只有一个弹孔，无法区分是何人所为。甲、乙分别成立故意杀人（未遂）罪

D. 甲、乙共谋教训丙，但乙试图剥夺丙之生命，甲朝丙的非要害部位射击，乙朝丙的要害部位射击，丙因心脏中弹而死。虽然两人都称子弹是自己所射，但丙身上只有一处弹孔。甲、乙对死亡结果都应当承担责任

[考点] 共同犯罪的成立条件

30. 下列说法正确的有：（　　）（多选）

A. 甲、乙两人预谋盗窃，甲望风，乙进屋行窃，不料被主人发现，乙将主人打成重伤。甲对重伤结果不承担责任

B. 甲、乙两人预谋抢劫，甲望风，乙进屋抢劫，不料主人拼死反抗，乙将主人打死。甲对死亡结果不承担责任

C. 甲、乙两人预谋性侵李四，甲在外望风，乙入户性侵李四，为了避免李四呼喊，乙在奸淫时拼命捂住李四的口鼻，李四后因窒息死亡。甲的行为构成强奸罪，对死亡结果也要承担责任，属于强奸致人死亡

D. 甲、乙拐卖妇女，在甲联系买主的过程中，乙对被拐妇女实施了奸淫行为。甲对奸淫行为承担结果加重犯的责任

[考点] 结果加重犯的共同犯罪

31. 甲守在黑暗中准备杀害将要经过的李某，乙得知甲的计划后，为了使自己的仇人刘某死亡，便让刘某经过甲的守候地。甲以为刘某是李某，开枪将其射杀。关于本案，下列哪些说法是正确的？（　　）（多选）

A. 甲的行为是对象错误，具体符合说和法定符合说都认为其成立故意杀人罪的既遂

B. 乙的行为可能成立间接正犯

C. 乙的行为可能成立教唆犯

D. 乙的行为可能成立帮助犯

[考点] 间接正犯与片面共犯

32. 下列不属于间接正犯的是：（　　）（单选）

A. 甲让喝了两斤白酒的醉鬼李四从20楼往下跳，李四往下跳当场摔死

B. 乙骗李四说，王五家中的树是自己的，李四给了乙5000元，然后将树挖走

C. 丙看到刘某手指被无毒蛇咬伤，但却骗刘某说此蛇有剧毒，若不断指，会有生命危险，刘某无奈，遂将指头咬断

D. 丁欺骗李女说其丈夫出轨，李女非常生气，遂同意做丁的老板王五的小三（两人长期以夫妻名义生活在一起）

[考点] 间接正犯

33. 下列说法正确的有：（　　）（多选）

A. 甲教唆乙说："丙是坏人，你将这个毒药递给他喝。"乙却听成了"丙是病人，你将这个土药递给他喝"，于是将毒药递给丙，丙喝下毒药后死亡，但乙并无杀人故意。甲属于故意杀人罪的既遂

B. 乙系毒贩，便衣警察王五对乙进行抓捕过程中，路人张三以为王五在实施抢劫，对此进行制止。王五说自己是警察，乙向张三呼救，说假警察就是该打，张三信以为真，将王五打伤。无论按照何种犯罪论体系，乙都属于间接正犯

C. 丙让张三晚上帮其去李某办公室盗窃望风，但丙实际上知道李某在加班，想去伤害李某，后李某被打成重伤。张三不构成犯罪

D. 丁在盗窃实行犯不知情的情况下，与销赃人事先约定，事后出资收购赃物。其行为构成盗窃罪的共犯

[考点] 间接正犯

34. 下列不构成共同犯罪的是：（　　）（单选）

A. 甲唆使乙抢劫丙，乙拒绝，甲遂以曝光乙妻裸照相要挟，乙无奈将丙灌醉后从丙家取走财物

B. 甲将乙绑架，关在自己家中，被前来串门的丙看见，甲于是让丙给乙妻子打电话勒索赎金

C. 甲从某厂的车间偷了大量的机器零件，搬到厂外的树林中。由于东西太重，欲找车之时遇见了司机乙，甲遂请求其帮忙。乙知道是赃物，但仍然帮甲把东西拉走

D. 甲在为某公司办理代理进口药品业务过程中，答应帮助该公司采取伪报

品名、少报数量、低报价格和夹带的手段逃避海关监管，先后帮助该公司走私11起，偷逃巨额应缴纳关税

[考 点] 共同犯罪的成立条件

35. 下列说法正确的有：（　　）（多选）

A. 甲欲盗窃，让乙为其配置钥匙，乙配好后给甲寄过去。后甲去他人家盗窃，发现自己忘了带钥匙，非常懊恼，但后仍入户窃取数额较大之财物。乙的行为属于盗窃罪的未遂

B. 民航飞机在飞行中突遭武装歹徒劫持，机长为避免机毁人亡，不得已将飞机开往歹徒指定地点。机长的行为是紧急避险，不是劫机犯的胁从犯

C. 甲欲到张三家盗窃，请熟悉张三家的乙帮其绘制一张地形图。乙详细地为甲绘制了一幅图纸，但后甲误入李四家，并没有打开图纸使用，窃得3万元财产。乙的行为属于盗窃罪的未遂

D. 丁教唆王五去实施杀人行为，但王五早有此意，遂欣然前往，将人杀死。丁的行为属于教唆既遂

[考 点] 共同犯罪的处理

36. 下列说法正确的有：（　　）（多选）

A. 甲、乙二人以杀人之意图朝丙开枪，没有击中丙，误击中旁边的丁，致其死亡，但丁身上只有一个弹孔，无法判断系谁所射。按照法定符合说，甲、乙均构成故意杀人罪的既遂；按照具体符合说，甲、乙都成立故意杀人罪的未遂和过失致人死亡罪

B. 甲、乙入户抢劫，将李女捆绑，甲后产生猥亵之念，对李女实施猥亵，乙置之不理。由于乙的捆绑行为让女方陷入无法反抗的状态，因此乙有义务制止，如果不制止，乙也构成强制猥亵罪

C. 甲、乙是同学，甲知道乙平素爱占小便宜，有时会偷吃他人东西。一日，甲明知是腐烂食物，吃后会导致身体受伤害，却欺骗乙说："这是特别名贵的健身食品，吃了对身体好。"甲将食物放在教室课桌上，希望乙偷食。后甲故意外出，乙控制不住，偷食食物后身体受伤害。甲成立间接正犯

D. 甲将毒药谎称为治病药物交给乙，让乙喂给患病的丙吃。乙明知是毒药，仍然喂给丙吃，导致丙死亡。甲的行为成立故意杀人罪的教唆犯

[考 点] 共同犯罪的认识错误

37. 下列说法正确的有：(　　)（多选）

　　A. 甲明知乙要盗窃丙家中的财物，仍出于个人目的，利用其与丙关系密切的便利，暗中将丙家的门锁弄坏，致丙晚上外出时只好虚掩家门，乙于晚上顺利窃得丙家中的贵重财物。在此案中，甲、乙属于共同犯罪，但对甲不可能按主犯处罚，而只能按从犯处罚

　　B. 甲知道乙准备用毒药毒死丙，且知道乙准备的毒药数量足以致丙毙命，便在乙投毒之前也准备了一定数量的毒药，待乙在丙的食物中下毒后，随即暗中将自己事先准备的毒药加入丙的食物中。丙吃了甲、乙二人投毒的食物后被害死亡。在此案中，如果承认甲的片面共犯属于共同犯罪，则甲就不再属于间接正犯

　　C. 甲将丙的丈夫与人通奸的照片和一把手枪放在丙家的桌上，丙看见之后，妒火中烧，产生杀意，于是用该手枪将丈夫杀死。如果认为甲、丙不属于共同犯罪，那么甲可能属于间接正犯

　　D. 甲与乙有仇，计划某日晚上在乙回家的途中将乙杀死。丙为乙的商业竞争对手，早已对乙嫉恨在心，当其得知甲准备杀乙后，暗中在乙回家的路上设置一处陷阱。最终乙掉入陷阱，甲顺利将乙杀死。对于丙的暗中帮助，甲并不知情，丙可能属于故意杀人罪的从犯

　　[考　点] 共同犯罪的处理

38. 下列说法正确的有：(　　)（多选）

　　A. 甲帮助恐怖活动组织犯罪，但被帮助的组织还没有开始实施恐怖活动。甲的行为构成帮助恐怖活动罪的既遂

　　B. 乙是中介组织工作人员，为他人提供虚假证明，帮助他人骗取财物。中介组织的行为构成《刑法》第229条第1款规定的提供虚假证明文件罪，还构成诈骗罪的从犯（帮助犯），应从一重罪论处

　　C. 丙为境外的赌场招募中国人前去赌博。丙的行为构成组织参与国（境）外赌博罪和开设赌场罪的帮助犯，应当从一重罪论处

　　D. 丁明知他人实施组织卖淫犯罪活动而为其招募、运送人员或者充当保镖、打手、管账人等的，以协助组织卖淫罪定罪处罚，不以组织卖淫罪的从犯论处

　　[考　点] 非实行行为的实行化

39. 下列说法错误的是：（　　）（单选）

A. 甲教唆李四杀人，李四接受教唆后，购买了刀具，但后甲觉得内心不安，给李四发微信，让其放弃杀人计划，但李四没有收到微信，仍然将被害人杀害。甲不属于犯罪中止

B. 甲、乙二人共同去李四家盗窃，甲偷东屋，乙偷西屋，乙发现主人李四，起意杀人，甲没有制止。甲对死亡结果也要承担刑事责任

C. 丙以为张三要去杀王五，故送给张三一把尖刀，并大骂王五，认为其死有余辜；张三本无任何犯意，但误认为丙唆使其去杀王五，为报答丙，后将王五杀害。丙主观上想帮助，客观上是教唆，其行为属于故意杀人罪的帮助犯

D. 乙实施抢劫行为，在以暴力压制被害人的反抗后，甲出现在现场，乙说明了真相后，甲参与取得财物。甲、乙成立抢劫罪的共同犯罪，且对所有抢劫数额承担责任

[考 点] 共同犯罪

40. 下列说法正确的有：（　　）（多选）

A. 乙与丙吵架后，甲以为乙会杀害丙，便将一把长刀递给乙，但乙根本没有杀害丙。甲的行为不构成犯罪

B. 甲教唆乙杀丙，但误把丁指认为丙，后乙把丁杀害。由于教唆犯从属实行犯，乙并无认识错误，所以也不宜认为甲出现了认识错误

C. 甲拐卖妇女丙，伙同乙轮奸丙。甲、乙在强奸罪中成立共同犯罪，但甲单独构成拐卖妇女罪

D. 乙为无责任能力的精神病人，但甲误以为乙具有责任能力，于是教唆乙伤害丙，乙接受教唆伤害了丙。甲成立故意伤害罪的教唆犯

[考 点] 共同犯罪的处理

41. 关于共犯，下列说法正确的有：（　　）（多选）

A. 聚众性犯罪成立共同犯罪的情况下，首要分子一定是主犯

B. 普通公民甲与国家机关工作人员乙共同犯非法拘禁罪时，对乙应从重处罚，对甲不应从重处罚

C. 乙在杀害仇人前要求甲事后为自己提供虚假身份证件以便逃匿，甲只要表示同意就构成故意杀人罪的共犯。即使甲事后没有为乙提供虚假身份

证件，也成立故意杀人罪的共犯

D. 普通公民甲教唆国家工作人员乙受贿的，在乙着手实行了受贿行为的前提下，对甲应认定为受贿罪（间接正犯）

【考点】共同犯罪

答案及解析

28. 【考点】共同犯罪的成立条件

【答案】BD

【解析】A 错误。甲属于利用不知情的他人实施犯罪，是间接正犯，乙并未实施任何犯罪，所以不是片面共犯。

B 正确。在盗窃罪中成立共同犯罪。

C 错误。这是同时犯，应当分别定性。

D 正确。根据部分行为之整体责任，因果关系没有中断，丙的心脏病系枪响所诱发。

29. 【考点】共同犯罪的成立条件

【答案】ACD

【解析】A 正确。甲、乙在传播淫秽物品罪的范围内成立共同犯罪，同时甲还单独构成传播淫秽物品牟利罪的间接正犯。

B 错误。两人在抢劫罪中成立共犯，所以数额都是 15 000 元。对于事中共犯，一般认为，如果前行为是单一行为，那么后行为人虽然是在实施犯罪过程中介入的，仍应当对全部犯罪承担责任；如果前行为是复合行为（如结果加重犯），那么后行为人只对其介入行为导致的危害结果承担责任。在本案中，如果死亡结果是乙所致，丙不承担责任；但如果死亡结果是丙所致，乙属于结果加重犯的共同犯罪，也要承担责任。所以，无论如何乙都要承担责任，但是对丙存疑，要作有利推定，由乙对死亡结果承担责任，丙不承担。

C 正确。是同时犯，分别定性，故成立未遂。

D 正确。两人在伤害的范围内成立共犯，甲对死亡结果有过失，成立结果加重犯。

30. [考点] 结果加重犯的共同犯罪

[答案] AC

[解析] 对于大部分结果加重犯而言，其构造是故意的基本犯加过失的加重犯，比如故意伤害致人死亡，对于轻伤结果，行为人的主观心态是故意；但对于死亡结果，行为人的主观心态则是过失。因此，共同犯罪人只要对基本犯罪构成存在共同故意，即便其对加重结果持过失之心态，也应对加重结果承担责任。即只要客观上对加重结果有贡献力，主观上对加重结果有过失，就成立结果加重犯的共犯。一般说来，只要参与犯罪，对加重结果主观上都有过失，客观上都有贡献力。

A 正确。刑法没有规定盗窃致人重伤。

B 错误。属于结果加重犯的共犯。

C 正确。属于结果加重犯的共犯。

D 错误。根据通说，甲对奸淫行为不承担责任，乙属于拐卖妇女罪的情节加重犯。

31. [考点] 间接正犯与片面共犯

[答案] ABD

[解析] A 正确。甲的行为属于对象错误，无论是按照法定符合说还是按照具体符合说，都构成故意杀人罪的既遂。

BD 正确，C 错误。对于乙的行为，根据法定符合说和具体符合说的思路，则会得出不同的结论。根据法定符合说的思维，人与人可以等价，甲想杀一个抽象的人，客观上也杀了一个抽象的人，乙所起的作用就是帮助作用，那么乙成立片面帮助犯；但根据具体符合说的思维，人与人不能等价，乙其实是利用了甲，属于间接正犯。

32. [考点] 间接正犯

[答案] D

[解析] 利用他人不为罪的行为犯罪也是间接正犯，这既包括利用他人的无罪过行为（不可抗力和意外事件），还包括利用他人的其他不为罪行

为，如唆使未成年人自杀。

A 不当选。是间接正犯，属于欺骗自杀。

B 不当选。是间接正犯，利用他人的非犯罪行为。

C 不当选。是间接正犯，把他人当作伤害他人本身的工具。

D 当选。不是间接正犯，即便李女构成重婚罪，丁也未起到实际上的支配作用。

33. [考点] 间接正犯

[答案] AC

[解析] A 正确。甲主观上想教唆，客观上是间接正犯，构成故意杀人罪教唆犯的既遂。

B 错误。按照阶层论，假想防卫是责任降低事由，所以在构成要件和违法性中，乙和张三在袭警罪中成立共同犯罪，只是张三出现了责任降低事由，不再成立袭警罪，但不影响乙构成袭警罪，乙不是间接正犯。

C 正确。盗窃与伤害没有重合部分，同时丙没有盗窃罪的实行行为，所以根据共犯从属说，张三不构成犯罪。

D 错误。由于丁的帮助销赃行为在客观上对实行行为没有心理上和物理上的促进作用，其只是在实行行为结束之后才起到了帮助作用，因此，对丁不应以盗窃罪的共同犯罪论处，而只能论之以掩饰、隐瞒犯罪所得罪。

34. [考点] 共同犯罪的成立条件

[答案] C

[解析] A 不当选。甲、乙成立抢劫罪共犯，其中乙是胁从犯。

B 不当选。丙属于事中共犯，绑架罪是继续犯，既遂后行为并未终了，期间加入，也可成立共犯。

C 当选。盗窃行为已经实施完毕，乙单独构成掩饰、隐瞒犯罪所得罪。

D 不当选。甲属于走私罪的共犯。

35. [考点] 共同犯罪的处理

[答案] AB

解析 A 正确。如果主观上无脱离之意，但客观上产生了脱离之效果，那可以成立犯罪未遂。A 中，乙并未对甲有任何促进作用。乙主观上想帮助甲，但客观上没有物理性和精神性帮助。当甲发现没有带钥匙时，心情会受到影响，所以乙所起的作用是负面影响，而非正面促进，乙是未遂的帮助犯。

B 正确。机长没有选择自由，不属于胁从犯，而是紧急避险。

C 错误。乙主观上想帮助，客观上也提供了精神性帮助，成立既遂。

D 错误。丁主观上想教唆，客观上是帮助，在帮助犯的范围内重合，丁属于帮助犯的既遂。

36. [考点] 共同犯罪的认识错误

[答案] BCD

解析 A 错误。这属于共同犯罪中的打击错误。按照法定符合说，甲、乙均构成故意杀人罪的既遂；按照具体符合说，甲、乙都对丙成立故意杀人罪的未遂，射中丁的人对丁有过失，但由于过失没有共同犯罪，且无法判断系谁射中，只能作有利于行为人的推定，故两人对丁都不构成过失致人死亡罪。

B 正确。如果共同犯罪人创设了某种法益侵害的危险，同案犯利用这种危险实施其他犯罪，那他就有制止的义务，如果他主观上存在故意，那就会和同案犯所实施的其他犯罪成立共同犯罪。

C 正确。利用他人作为工具伤害他人本身，成立间接正犯。

D 正确。甲主观上是间接正犯，客观上是教唆，在教唆范围内重合。

37. [考点] 共同犯罪的处理

[答案] ABCD

解析 A 正确。片面帮助犯属于共同犯罪，属于帮助犯，应当按照从犯处理。

B 正确。在客观上属于竞合的因果关系，毒药加倍更可以毒死人，甲、乙两人的行为与丙的死亡存在因果关系，这是片面实行犯。共同犯罪与间接正犯是相互排斥的，如果按照共同犯罪论处，就不再属于间接正犯。

C 正确。如果认为片面教唆犯不属于共同犯罪，那么甲就可能属于间接正犯。

D 正确。丙在本案中属于片面帮助犯，按照从犯处理。

38. [考点] 非实行行为的实行化

[答案] ABD

[解析] AD 正确。当非实行行为实行化后，一般也就无需再适用《刑法》总则中有关预备犯、帮助犯、教唆犯的处罚规定。AD 都属于这种情况。其中，自 2017 年 7 月起实施的《最高人民法院、最高人民检察院关于办理组织、强迫、引诱、容留、介绍卖淫刑事案件适用法律若干问题的解释》第 4 条第 1 款也规定："明知他人实施组织卖淫犯罪活动而为其招募、运送人员或者充当保镖、打手、管账人等的，依照刑法第 358 条第 4 款的规定，以协助组织卖淫罪定罪处罚，不以组织卖淫罪的从犯论处。"

B 正确。但是，B 属于不纯正的非实行行为的实行化。这种非实行行为的实行化并非某种特定犯罪的预备、帮助或教唆的实行化，而是针对非特定的犯罪，那么就并未完全排除《刑法》总则中的相关处罚规则。

C 错误。《刑法》第 303 条第 3 款规定了组织参与国（境）外赌博罪："组织中华人民共和国公民参与国（境）外赌博，数额巨大或者有其他严重情节的，依照前款的规定处罚。"因此该行为不再构成开设赌场罪的帮助犯。

39. [考点] 共同犯罪

[答案] B

[解析] A 正确。甲的教唆并未撤回，客观上起到了作用，因此不成立中止，成立既遂。

B 错误。甲只创设了财产法益的危险，对人身伤害没有制止义务。

C 正确。丙主观上想帮助，客观上是教唆，在帮助犯的范围内重合，故成立帮助犯。

D 正确。这是典型的事中共犯，甲、乙对所有抢劫数额承担责任。

本题为选非题，故答案为 B。

40. [考点] 共同犯罪的处理

[答案] ACD

[解析] A 正确。甲的行为是帮助行为，在缺乏实行行为的情况下，不构成犯罪。

B 错误。教唆者并不从属于实行犯的认识错误。教唆犯与实行犯的认识错误应当分别讨论。

C 正确。甲、乙两人在强奸罪中成立共同犯罪，但甲的行为属于拐卖妇女后奸淫被拐妇女，应当在拐卖妇女罪的加重情节中量刑。

D 正确。教唆和间接正犯在教唆范围内重合。

41. [考点] 共同犯罪

[答案] ABC

[解析] A 正确。《刑法》分则明确规定对某聚众性犯罪仅仅处罚首要分子而不处罚其他参加者时，若首要分子只有一个，就不存在所谓的主犯问题。因此，聚众性犯罪的首要分子并非一定都是主犯。但如果聚众性犯罪可以成立《刑法》总则所规定的共同犯罪，首要分子自然就是主犯。

B 正确。这是量刑身份犯，如未成年人的身份可以导致从宽处罚。这种身份只及于自身，不及于共同犯罪人。

C 正确。因为甲同意提供虚假身份证件的行为强化了乙的犯意，与乙的杀人结果之间具有心理的因果性。

D 错误。没有身份者不可成立身份犯的间接正犯，只能成立教唆犯或帮助犯。

第5讲 罪数和刑罚

专题 8 罪数形态

42. 下列说法正确的有：（　　）（多选）

A. 针对同一对象，故意杀人罪可以和任何犯罪出现想象竞合关系

B. 《刑法》第232条规定的是故意杀人罪，第275条规定的是故意毁坏财物罪，二者之间不存在法条竞合关系

C. 窝藏、包庇罪与伪证罪在行为主体、行为状态、行为内容方面存在明显差异，难以认定二者为法条竞合关系

D. 生产、销售假药罪和生产、销售伪劣产品罪是法条竞合关系，但是按重法条优于轻法条处理

[考 点] 法条竞合

43. 下列哪些情形应当数罪并罚？（　　）（多选）

A. 冒充警察骗取性利益和数额较大的财产，成立招摇撞骗罪与诈骗罪，实行数罪并罚

B. 法官乙，收受当事人家属的贿赂，违规办理假释案件，对不符合假释条件的罪犯予以假释

C. 司法工作人员甲，暴力取证致被害人死亡

D. 运送他人偷越边境的甲，遇到检查将被运送人推进大海溺死

[考 点] 罪数形态

44. 下列说法错误的有：（　　）（多选）

A. 如果认为非法经营罪和生产、销售伪劣产品罪属于中立关系，那么两罪就成立法条竞合

B. 张三容留他人吸毒和卖淫，应当以容留他人吸毒罪和容留卖淫罪从一重罪论处

C. 张三盗用他人名义成为公务员，后多次收受贿赂，对张三应当以冒名顶替罪和受贿罪从一重罪论处

D. 走私毒品又贩卖的，属于不可罚之事后行为，只能评价为走私毒品罪

[考 点] 法条关系

专题 9 刑罚制度

45. 关于死刑制度，下列说法正确的是：（　　）（单选）

A. 审判时怀孕的妇女，如果流产后又犯其他罪，即便再次怀孕，也可以适用死刑

B. 审判时已满75周岁的老人，如果没有以特别残忍手段致人死亡，不得适用死刑

C. 审判时怀孕的妇女，为了规避法律，采取自残方式流产的，可以适用死缓

D. 死刑执行应当采用枪决或注射方式

[考 点] 死刑制度

46. 吴某被判处死刑缓期二年执行，于2016年7月27日考验期满，其所在服刑的监狱于当日上报了将死缓减为无期徒刑的材料。2天后，即7月29日，吴某被同监舍的郑某举报其在2016年6月2日曾对郑某进行殴打致伤。对吴某应当如何处理？（　　）（单选）

A. 无论此故意犯罪是否严重，均报请最高人民法院核准执行死刑

B. 以无期徒刑和故意伤害罪判处的刑罚数罪并罚

C. 如果此故意犯罪没有达到情节恶劣的程度，可以不立即执行死刑，根据数罪并罚的吸收原则，死缓可以吸收新判处的刑罚，但死缓期间要重新计算

D. 减刑材料已经上报，应当减为无期徒刑

[考 点] 死缓制度

47. 甲因侮辱罪被判处1年管制刑；乙因诽谤罪被判处1年有期徒刑，缓刑一年半；丙因受贿罪被判处无期徒刑，在执行期间依法被假释。甲、乙、丙三人在监外执行期间应共同遵循的规定有：（   ）（多选）

    A. 按照有关机关的规定报告自己的活动情况

    B. 可以适用禁止令

    C. 未经批准，不得行使结社、游行、示威自由的权利

    D. 离开所居住的市、县或迁居，应报有关机关批准

[考点] 禁止令

48. 根据我国现行刑事立法的规定，关于刑期的计算，下列说法正确的有：（   ）（多选）

    A. 拘役刑与有期徒刑的刑期均是从判决执行之日起计算，先行羁押的，羁押1日折抵刑期1日

    B. 管制刑的刑期从判决确定之日起计算，先行羁押的，羁押1日折抵刑期2日

    C. 死刑缓期执行的期间从判决确定之日起计算，先行羁押的，羁押日不得折抵2年执行期

    D. 管制犯被宣告职业禁止的，职业禁止的期限从管制执行完毕之日起开始计算

[考点] 刑期计算

49. 下列说法哪些是错误的？（   ）（多选）

    A. 即使没有被附加剥夺政治权利，在主刑执行期间，也没有政治权利

    B. 被判处有期徒刑的犯罪分子，附加剥夺政治权利的刑期，从有期徒刑执行完毕之日或赦免之日起计算

    C. 由于犯罪行为而使被害人遭受经济损失的，对犯罪分子除依法给予刑事处罚外，应根据情况一并判处赔偿经济损失

    D. 职业禁止的决定由人民法院作出，如果违反职业禁止的决定，公安机关应依法给予处罚；情节严重的，构成拒不执行判决、裁定罪

[考点] 剥夺政治权利

50. 关于财产刑的适用，下列说法正确的有：（   ）（多选）

A. 李某因走私犯罪被某法院判处无期徒刑并处没收财产，在需要以没收的财产偿还其债务时，只偿还立案以前所负的正当债务
B. 所有的罚金刑都没有最高限额
C. 犯罪分子由于遭到不可抗拒的灾祸，按原判决的罚金缴纳确有困难时，经人民法院裁定，可以延期缴纳、酌情减少或免除缴纳
D. 没收财产只能没收犯罪人已经具有的、现实存在的财产，而不可能没收犯罪人将来可能具有的财产

[考　点] 财产刑

51. 下列情况中，依法不属于累犯的有：（　　　）（多选）

A. 李某因盗窃罪被判处有期徒刑 3 年，缓刑 4 年，缓刑期满后的第 4 年又犯抢劫罪被判处有期徒刑 5 年
B. 郑某交通肇事逃逸后，被判处有期徒刑 4 年，刑满释放后的第 3 年又因扒窃被判处 6 个月有期徒刑
C. 赵某因危害国家安全罪而被判处有期徒刑 2 年，被赦免后的第 10 年，因生意破产，遂参加某地黑社会性质的组织
D. 关某因非法经营罪被判处有期徒刑 3 年，2010 年刑满释放后做起个体生意。2012 年 3 月某夜，关某因酒驾被交警查获。经查，其血液中的酒精含量为 330mg/100ml

[考　点] 累犯

52. 下列说法正确的有：（　　　）（多选）

A. 法律规定未满 18 周岁的人不成立一般累犯，故对于毒品再犯和特别累犯也可适用此规定
B. 张三于 2007 年犯故意伤害罪，被判处有期徒刑 2 年，缓刑 3 年；2009 年又犯抢劫罪，但在 2012 年才被发现，后该罪被判处有期徒刑 8 年。在执行 5 年后，可以对其进行假释
C. 李四于 2007 年犯叛逃罪，被判处有期徒刑 3 年；2011 年又犯抢劫罪，被判处有期徒刑 10 年。不得对其进行假释
D. 王五于 2002 年犯资敌罪，被判处管制。管制执行完毕之后，王五无论何时再犯其他犯罪，都成立累犯

[考　点] 累犯

53. 下列情况中，哪些成立自首？（　　）（多选）

A. 甲实施故意杀人行为后，因被通缉，逃至外地。数年后，甲因为感染新冠肺炎，走投无路向公安机关投案

B. 乙告知妻子自己实施了故意杀人行为，妻子偷偷向警察报案，在乙熟睡时，警察将乙抓捕

C. 丙因为贪污被纪委采取双规措施，但纪委所掌握线索针对的贪污事实不成立，丙因为心虚交代出自己实施了贪污罪行

D. 丁将毒品放在手提袋中，但鉴于防疫要求，在过境时因为体温异常，被警察询问。丁感到压力很大，非常紧张，遂主动向警察交代

[考　点] 自首

54. 下列情况中，哪些成立自首？（　　）（多选）

A. 甲犯罪后主动报案，虽未表明自己是作案人，但没有逃离现场，在司法机关询问时交代自己的罪行

B. 乙明知他人报案而在现场等待，抓捕时无拒捕行为，供认犯罪事实

C. 丙实施多起诈骗行为，但只交代其中较轻的诈骗行为

D. 丁犯有故意伤害罪，自动投案后，对伤害行为一直辩称自己有精神疾病

[考　点] 自首

55. 关于自首和立功的认识，下列说法正确的有：（　　）（多选）

A. 甲先后实施了抢劫和盗窃两个行为，慑于扫黑除恶的压力，其自动投案，但仅如实交代其中较轻的盗窃行为。不久后，其抢劫事实也被公安机关侦破。为争取从宽处罚，其又交代邻居余某的抢劫杀人行为，并经查证属实。对于甲的抢劫罪，依法可以减轻或免除处罚

B. 犯罪嫌疑人乙听说公安人员已经出发前来抓自己，于是决定自首。但在半路上和抓捕的干警相遇，乙没有反抗抓捕，随后如实交代其犯罪行为。对乙不能以自首论

C. 丙因涉嫌盗窃被公安机关逮捕，接受公安机关讯问时，主动交代了其伙同张某在A市入户抢劫杀人的犯罪事实，并如实供述了张某的姓名、住址、体貌特征及联系电话。公安局据此将张某抓获，张某对与丙共同抢劫杀人的犯罪事实供认不讳。丙的供述行为应认定为自首和重大立功

D. 甲与乙、丙、丁等人共同实施重大犯罪后，各自逃匿。过了一段时间后，

甲和三人发生矛盾，遂向公安机关打电话，告知乙、丙、丁的藏匿地址，希望公安机关抓获乙、丙、丁，公安机关根据甲提供的地址，抓获了乙、丙、丁。甲事后又因感染疫病而投案。甲的行为既成立立功，又成立自首

[考 点] 自首和立功

56. 下列说法正确的有：（　　）（多选）

　A. 甲、乙共同犯抢夺罪后，甲自动投案，交代出两人实施抢夺的事实，同时还交代乙对其实施强奸的事实，后被查证属实。甲的行为成立自首和立功

　B. 乙在敲诈勒索后，自动投案，如实供述自己的罪行，但是后来又翻供，拒不认罪。直到被检察机关起诉至法庭，在庭审期间才又恢复了原先如实的供述。乙成立自首

　C. 甲实施了拦路抢劫行为后，其父母规劝其赶快投案自首，但甲一直犹豫不决。甲父母听说公安机关正全力侦查此案，于是将甲捆绑送至公安局，随后甲如实交代其犯罪行为。对甲应视为自首

　D. A 因非法持有毒品罪被公安机关拘传，如果 A 向公安机关说明自己所持毒品是从 B 处购买的，因而揭发了 B 贩卖毒品的事实，则超出了"如实供述自己的罪行（非法持有毒品）"的范围，宜另认定为立功

[考 点] 自首和立功

57. 下列说法正确的有：（　　）（多选）

　A. 张三犯甲罪、乙罪和丙罪，分别定罪量刑时，原本应分别判处甲罪有期徒刑 6 个月、乙罪拘役 6 个月、丙罪拘役 6 个月，但在数罪并罚时只能执行有期徒刑，不再执行拘役

　B. 乙犯故意伤害罪被判处有期徒刑 8 个月，执行 6 个月时发现其危险驾驶罪（如追逐竞驶）的漏罪，漏罪应当判处 5 个月拘役。对此，人民法院对乙按照数罪并罚的原则处理后，仍只执行有期徒刑的剩余刑罚

　C. 丙于 2016 年 1 月 1 日犯盗窃罪与使用虚假身份证件罪，分别被判处有期徒刑 1 年和管制 1 年；2016 年 12 月 31 日有期徒刑执行完毕，随之开始执行管制；管制执行完毕的日期是 2017 年 12 月 30 日。那么，"在 5 年之内再犯……罪"，应当从有期徒刑执行完毕或者赦免之日（即 2016 年 12 月 31 日）起计算，而不是从管制执行完毕之日起计算。如果丙在管

制期间再犯罪，不仅成立累犯，而且应将未执行的管制与新罪并罚

D. 丁犯诈骗罪被判处有期徒刑 3 年，缓刑 5 年。在缓刑考验期的第 3 年，丁犯危险驾驶罪，应当判处 6 个月拘役，该行为在缓刑考验期结束后才被发现。对于丁应当撤销缓刑，数罪并罚，执行原判决的 3 年有期徒刑，不能再次适用缓刑

[考 点] 数罪并罚

58. 下列说法正确的有：(　　　)（多选）

A. 李某因犯抢劫罪被判处有期徒刑 8 年，执行 5 年后被假释，假释 2 年后，李某又犯放火罪，应判处有期徒刑 10 年。对李某应在 10 年以上 13 年以下决定应执行的刑罚

B. 苏某因犯甲罪被判处有期徒刑 15 年，在刑罚执行 6 年以后，又犯乙罪，被人民法院判处有期徒刑 14 年。苏某实际执行的刑期的幅度是 20~26 年

C. 刘某因犯故意伤害罪被判处有期徒刑 10 年，第 7 年被假释，在假释考验期间犯抢劫罪，应当被判处有期徒刑 5 年，但该罪在假释之日起的第 8 年才被发现。对此要撤销之前的假释

D. 张某因犯盗窃罪被判处有期徒刑 10 年，附加剥夺政治权利 3 年，在主刑执行完毕的第 2 年，又犯诈骗罪，被判处有期徒刑 5 年，但未附加剥夺政治权利。张某在诈骗罪主刑执行期间有政治权利

[考 点] 假释制度

59. 下列说法错误的有：(　　　)（多选）

A. 被判处 3 年以下有期徒刑的孕妇，必须适用缓刑

B. 犯盗窃罪被判处有期徒刑 1 年，缓刑 2 年，在缓刑考验期间发现之前有一个危险驾驶罪的漏罪，应当被判处 6 个月拘役（仍在追诉时效内）。对此，人民法院应当撤销缓刑，按照数罪并罚的原则，仍可判处有期徒刑 1 年，缓刑 2 年

C. 被宣告缓刑的犯罪分子，如果被判处附加刑，附加刑不再执行

D. 禁止令的执行期限，从管制、缓刑确定之日起计算

[考 点] 缓刑制度

60. 张某 1998 年犯甲罪，法定刑为 5 年以下有期徒刑（该罪一直没被发现）；

2004年犯乙罪（因交通肇事逃逸致人死亡）。关于甲罪与乙罪的追诉问题，下列说法正确的是：（　　）（单选）

A. 甲罪的追诉时效与乙罪的追诉时效分别都是10年

B. 在2024年之前，依法还可对乙罪进行追诉

C. 在2014年之前，既可以对甲罪也可以对乙罪进行追诉

D. 由于在法定的追诉期限内又犯新罪，故对甲罪的追诉不受时效的限制

[考点] 追诉时效

答案及解析

42. [考点] 法条竞合

[答案] BCD

[解析] A 错误。排斥关系不可能出现想象竞合，比如针对同一对象不可能既成立故意杀人罪，又成立过失致人死亡罪。

B 正确。故意杀人罪与故意毁坏财物罪两个法条属于中立关系，二者之间不存在法条竞合关系。

C 正确。窝藏、包庇罪与伪证罪在法条关系上并非包容和交叉关系，不属于法条竞合关系。

D 正确。生产、销售假药罪和生产、销售伪劣产品罪是法条竞合关系，但是按重法条优于轻法条处理。

43. [考点] 罪数形态

[答案] ABD

[解析] A 当选。冒充警察骗钱，成立招摇撞骗罪与诈骗罪，从一重罪，以诈骗罪论处。同时，骗取性利益构成招摇撞骗罪。两个行为，应当数罪并罚。

B 当选。乙并非徇私枉法，徇私枉法罪中的刑事审判包括刑事附带民事审判活动，但不包括执行期间的审判，如假释、减刑、暂予监外执行，所以乙虽收受贿赂违规办理假释案件，但不构成徇私枉法罪，不适用《刑法》第399条第4款中受贿罪与徇私枉法罪从一重罪处罚的规

定。在假释、减刑、暂予监外执行活动中徇私枉法的,构成《刑法》第401条规定的徇私舞弊减刑、假释、暂予监外执行罪,与 B 中收受贿赂构成的受贿罪应当数罪并罚。

C 不当选。转化为故意杀人罪。

D 当选。应当数罪并罚。

44. [考 点] 法条关系

[答 案] ABCD

[解 析] A 错误。中立关系不可能成立法条竞合,属于想象竞合。

B 错误。张三的容留行为可以被切割,属于两个行为,应该数罪并罚。

C 错误。根据《刑法修正案（十一）》的规定,国家工作人员有冒名顶替行为,又构成其他犯罪的,依照数罪并罚的规定处罚。

D 错误。走私毒品又贩卖的,构成走私、贩卖毒品罪,这是选择性罪名,不能数罪并罚。

本题为选非题,故答案为 ABCD。

45. [考 点] 死刑制度

[答 案] B

[解 析] 审判时怀孕的妇女不适用死刑。这里需要注意的是:①不适用死刑是指既不能判处死刑立即执行,也不能判处死缓;②审判时指的是从侦查羁押时起至审判的全过程,在这个过程中,不管是怀孕,还是发生人工流产或自然流产,都被视为孕妇,不能判处死刑;③犯罪时怀孕,但审判时没有怀孕的妇女是可以判处死刑的。

A 错误。如果流产后又犯其他罪,是可以判处死刑的,但如果又怀孕,自然也不能再适用死刑。

B 正确。审判的时候已满75周岁的人,不适用死刑,但以特别残忍手段致人死亡的除外。

C 错误。审判时不管是怀孕,还是发生人工或自然流产,都被视为孕妇,依法不适用死刑,包括死缓。

D 错误。漏了一个"等"字。

46. [考点] 死缓制度

[答案] C

[解析] C 当选。虽然罪行在死缓考验期满后才被发现，但是由于是在死缓期间故意犯新罪，因此，如果没有达到情节恶劣的程度，应当以死缓和新罪的刑罚数罪并罚，最后执行死缓，死缓期间重新计算。

47. [考点] 禁止令

[答案] AD

[解析] AD 当选。禁止令不能针对假释犯，只有管制犯才限制政治自由。

48. [考点] 刑期计算

[答案] ACD

[解析] 刑期计算从判决确定之日还是执行之日起计算，关键看先前羁押是否折抵刑期，如果折抵就从执行之日起计算，否则就从确定之日起计算。从执行之日起计算的有：管制、拘役、有期徒刑、独立适用的剥夺政治权利、禁止令（从管制、缓刑执行完毕之日起计算）；从确定之日起计算的有：无期徒刑、死缓、缓刑。

　　AC 正确。从上述内容就可以推知。

　　B 错误。管制刑的刑期从判决执行之日起计算。

　　D 正确。职业禁止从刑罚执行完毕之日或者假释之日起开始计算。管制犯是不能被假释的。同时注意，如果管制犯被附加剥夺政治权利，剥夺政治权利和管制是同时开始、同时结束的。

49. [考点] 剥夺政治权利

[答案] AB

[解析] 对有期徒刑、拘役附加剥夺政治权利的，期限为 1 年以上 5 年以下，从主刑执行完毕之日或假释之日起算。在主刑执行期间，当然没有政治权利，但如果是被判处有期徒刑、拘役、管制而没有附加剥夺政治权利的犯罪人，在执行期间仍然享有政治权利。

　　A 错误。有政治权利。

　　B 错误。赦免也赦附加刑。

C 正确。《刑法》第36条第1款规定："由于犯罪行为而使被害人遭受经济损失的，对犯罪分子除依法给予刑事处罚外，并应根据情况判处赔偿经济损失。"这是针对刑事附带民事赔偿中，对犯罪人既判刑又判赔偿的情况。

D 正确。根据《刑法》第37条之一第2款的规定，被禁止从事相关职业的人违反人民法院作出的职业禁止决定的，由公安机关依法给予处罚；情节严重的，依照拒不执行判决、裁定罪定罪处罚。

本题为选非题，故答案为AB。

50.
[考点] 财产刑

[答案] CD

[解析] A 错误。应当偿还的是判决前，而非立案前所负的正当债务。

B 错误。罚金有三种情况：①没有规定确定的数额。在这种情况下，罚金的最低数额不能少于1000元。但对未成年人犯罪应当从轻或者减轻判处罚金，罚金的最低数额不能少于500元。没有最高限制。②规定了相当确定的数额。如《刑法》第196条规定的信用卡诈骗罪（有下列情形之一，进行信用卡诈骗活动，数额较大的，处5年以下有期徒刑或者拘役，并处2万元以上20万元以下罚金；……）。③以违法所得或犯罪涉及的数额为基准，处以一定比例或者倍数的罚金。在上述第二、三类罚金刑中，是有最高额限制的。

C 正确。延期或减免缴纳，适用于犯罪分子由于遭到不能抗拒的灾祸，按原判决的罚金缴纳确有困难的情形。经人民法院裁定，可以延期缴纳、酌情减少或免除缴纳。

D 正确。这是没收财产和罚金的一个重要区别。

51.
[考点] 累犯

[答案] ABD

[解析] A 当选。缓刑后无累犯。

B 当选。累犯中，前罪、后罪都是故意犯罪，但交通肇事是过失犯罪，故郑某不属于累犯。

C 不当选。赵某是特殊累犯。

D当选。累犯中，前罪、后罪被判处的刑罚都是有期徒刑以上，但危险驾驶罪只能判拘役，故关某不属于累犯。

52. [考点] 累犯

[答案] BC

[解析] A错误。特别累犯重于一般累犯，不能因为未成年人不构成一般累犯，就认为其不成立特别累犯，这不属于举重以明轻。

B正确。在缓刑考验期间犯新罪，虽然在考验期结束后才被发现，也应当撤销缓刑，数罪并罚。这不属于累犯，是可以假释的。

C正确。这是一般累犯。

D错误。特别累犯中，后罪必须是三类特定犯罪（危害国家安全犯罪、恐怖活动犯罪、黑社会性质的组织犯罪）。

53. [考点] 自首

[答案] AC

[解析] A当选。被通缉后投案可以成立自首。

B不当选。亲友代替报案不符合自动性。

C当选。交代的是办案机关未掌握罪行。司法解释也规定，办案机关所掌握线索针对的犯罪事实不成立，在此范围外犯罪分子交代同种罪行的，可以成立自首。

D不当选。这是犯罪可疑，因为被发现的概率比较大，而非形迹可疑。司法解释规定，罪行未被有关部门、司法机关发觉，仅因形迹可疑被盘问、教育后，主动交代了犯罪事实的，应当视为自动投案，但有关部门、司法机关在其身上、随身携带的物品、驾乘的交通工具等处发现与犯罪有关的物品的，不能认定为自动投案。

54. [考点] 自首

[答案] ABD

[解析] 司法解释规定，下列行为属于自首：①犯罪后主动报案，虽未表明自己是作案人，但没有逃离现场，在司法机关询问时交代自己罪行的；②明知他人报案而在现场等待，抓捕时无拒捕行为，供认犯罪事实的。

AB当选，都属于上述现场候捕型自首。

C不当选，仅交代了较轻的罪行，不符合如实供述的要求。司法解释规定，犯罪嫌疑人多次实施同种罪行的，必须交代更重部分方成立自首。

D当选，成立自首，自首不否定辩解。

55. [考点] 自首和立功

[答案] AD

[解析] A正确。甲成立重大立功，立功对人不对事，因此可以对甲的全部罪行适用从宽情节。

B错误。自动性要考虑主观标准，只要主观上确实是自动投案，就可以认定为自首。

C错误。交代同案犯属于如实供述，而非协助抓捕。

D正确。自首和立功都不考虑动机，犯罪分子提供同案犯姓名、住址、体貌特征等基本情况，或者提供犯罪前、犯罪中掌握、使用的同案犯联络方式、藏匿地址，司法机关据此抓捕同案犯的，不能认定为协助司法机关抓捕同案犯。但如果交代的是犯罪结束之后的新信息，则可能成立立功，D中的藏匿地址是案发后的新信息。同时，甲还自动投案，自然成立自首。

56. [考点] 自首和立功

[答案] ABD

[解析] A正确。甲自动投案交代了自己和同案犯的罪行，属于自首。同时又交代了同案犯所实施的其他犯罪，属于检举揭发，符合"揭发他人罪行，查证属实"的情形，可认定为立功。

B正确。如实供述后又翻供的，不能认定为自首，但在一审判决前又能如实供述的，应当认定为自首。乙在一审判决前交代都成立自首。

C错误。"捆绑式"送首不属于自动投案，不成立自首。

D正确。非法持有和贩卖并非同案对合犯，A的交代并不属于对同案犯的交代，所以成立立功。

57. [考点] 数罪并罚

[答案] ABCD

[解析] A 正确。有期徒刑吸收拘役。法官不能因为这一数罪并罚结果有利于犯罪人，就将甲罪的 6 个月有期徒刑改判为 6 个月拘役，然后实行限制加重的并罚，也不能基于同样的理由或者其他个人动机，将乙罪或丙罪判处管制。

B 正确。有期徒刑吸收拘役。

C 正确。成立累犯的前提是前后罪都被判处有期徒刑以上刑罚。管制不羁押，如果行为人犯两罪，分别被判处有期徒刑和管制，在有期徒刑执行完毕后，开始执行管制，无论是在管制执行期间还是管制执行完毕之后又犯可以判处有期徒刑以上之罪，都可能属于累犯。换言之，"在 5 年之内再犯……罪"，应当从有期徒刑执行完毕或者赦免之日起计算，而不是从管制执行完毕之日起计算。当然，如果在管制期间再犯罪，不仅成立累犯，还应将未执行的管制与新罪并罚。

D 正确。缓刑考验期犯新罪的，即便在考验期结束后，也要撤销缓刑，执行原判刑罚，有期徒刑可以吸收拘役，故还需执行 3 年有期徒刑，且此情形属于有再犯罪的危险，不能适用缓刑。

58. [考点] 假释制度

[答案] ABC

[解析] A 正确。假释考验期不计算在刑期之内。

B 正确。这里考查的是实际执行的刑期幅度。要注意决定执行的刑罚幅度和实际执行的刑期幅度这两个概念的区别。

C 正确。首先，因犯故意伤害罪被判处 10 年有期徒刑是可以假释的；另外，考验期内犯新罪，无论何时被发现，均撤销假释，先减后并。

D 错误。由于前罪的剥夺政治权利放在 5 年有期徒刑之后执行，导致诈骗罪主刑执行期间无政治权利。

59. [考点] 缓刑制度

[答案] ACD

[解析] A 错误。孕妇也必须符合法定条件才可以适用缓刑。

B 正确。在缓刑考验期间发现漏罪，需要撤销缓刑，数罪并罚，总和刑期在 3 年以下的，可以再次宣告缓刑。但是，被宣告缓刑的犯罪分子，在考验期内再犯罪的，应当数罪并罚，即便总和刑期在 3 年以下，也不得再次宣告缓刑，因为这属于有再犯罪的危险。

C 错误。被宣告缓刑的犯罪分子，如果被判处附加刑，附加刑仍须执行。

D 错误。从执行之日起计算，而非从确定之日起计算。

本题为选非题，故答案为 ACD。

60. [考点] 追诉时效

[答案] C

[解析] C 正确。法定最高刑为 5 年以上不满 10 年有期徒刑的，经过 10 年不再追诉，甲罪最高可以判 5 年有期徒刑，所以追诉时效是 10 年。法定最高刑为 10 年以上有期徒刑的，经过 15 年不再追诉。根据《刑法》第 99 条的规定，"以上""以下""以内"包括本数在内，而"不满"是不包括本数的。所以，因交通肇事逃逸致人死亡的法定刑为 7 年以上有期徒刑，意味着最高可以判 15 年有期徒刑，故其追诉时效为 15 年而非 10 年。2004 年犯新罪，追诉时效中断，重新计算甲罪的追诉时效。

第6讲 国家安全和公共安全犯罪

专题 ⑩ 分则概说和危害国家安全罪

61. 下列说法错误的有：（　　）（多选）

A. 张三走私武器 300 件，又销售该武器。这属于吸收犯，无需数罪并罚

B. 张三组织 3 位女性卖淫，又容留 4 位男性向同性卖淫。张三不仅仅构成组织卖淫罪一罪

C. 张三走私枪支 5 支，又销售该枪支。对张三应当数罪并罚

D. 张三出售假人民币 100 万元，运输假欧元 10 万元，购买假美元 50 万元。对张三应当以三罪数罪并罚

[考点] 选择性罪名

62. 关于《刑法》分则条文的理解，下列哪些选项是正确的？（　　）（多选）

A. 对于收买被拐卖的妇女、儿童，并有虐待、强奸、非法拘禁等犯罪行为的，如果没有《刑法》第 241 条第 4 款的规定，就不能依照数罪并罚的规定处罚

B. 对于保险事故的鉴定人、证明人、财产评估人故意提供虚假的证明文件，为他人诈骗提供条件的，即使没有《刑法》第 198 条第 4 款的规定，也应以保险诈骗的共犯论处

C. 《刑法》第 142 条之一规定："违反药品管理法规，有下列情形之一，足以严重危害人体健康的，处 3 年以下有期徒刑或者拘役，并处或者单处罚金；对人体健康造成严重危害或者有其他严重情节的，处 3 年以上 7 年以下有期徒刑，并处罚金：①生产、销售国务院药品监督管理部门禁止

使用的药品的；……有前款行为，同时又构成本法第141条、第142条规定之罪或者其他犯罪的，依照处罚较重的规定定罪处罚。"这个法条中存在叙明罪状、空白罪状和引证罪状

D. 对于挪用用于救灾、抢险、防汛、优抚、扶贫、移民、救济款物归个人使用的，如果没有《刑法》第384条第2款的规定，就不能认定为挪用公款罪

[考 点] 拟制规定和注意规定

63. 下列说法正确的是：（　　）（单选）

A. 甲系大学老师，在去某国出差考察期间，拒不归国。认定甲构成叛逃罪必须证明其行为危害了国家安全

B. 乙参加间谍组织，通过向国家工作人员张三提供毒品，获得国家秘密。乙的行为构成间谍罪和行贿罪

C. 丙长期将重要的商业秘密提供给境外组织。丙的行为构成危害国家安全罪

D. 危害国家安全罪可以并处没收财产或罚金

[考 点] 危害国家安全罪

专题 ⑪ 危害公共安全罪

64. 下列说法正确的有：（　　）（多选）

A. 甲因为下岗，在公共场所谎称持有汽油准备自焚，引起多人围观。后查明，其所持的水瓶中只有自来水。甲的行为不构成以危险方法危害公共安全罪

B. 乙出于毁坏车辆，以达到帮助别人修车、守车获取劳务费之目的，抱了两个分别重约80公斤和20公斤的石头放置在公路路面上。当晚23时许，何某驾车途经此地，汽车撞在乙放置的石头上，致左前轮爆裂，车辆失控冲下公路西侧的防洪沟内，造成车内2人受伤，直接经济损失70 561.1元。乙的行为构成以危险方法危害公共安全罪

C. 丙为了组织恐怖活动培训，已经联系了讲授人员与参加人员，并准备了培训场所。丙的行为构成准备实施恐怖活动罪的犯罪预备

D. 丁醉酒驾车将他人撞成重伤，并逃离事故现场，后被害人死亡。经查，

丁负事故全部责任。但尸检结果判断不出被害人的死亡时间，可能在肇事之后马上死亡，也可能在数小时后死亡。对丁仍应认定为交通肇事逃逸致人死亡

[考 点] 危害公共安全罪

65. 下列说法正确的是：（　　）（单选）

A. 王某为实施恐怖活动购买枪支、弹药。王某的行为属于恐怖活动犯罪的犯罪预备和非法买卖枪支、弹药罪的想象竞合

B. 张某原系军人，退伍后仍保留以往的枪支。张某的行为构成非法私藏枪支罪

C. 李四系出租车司机，一日在车里捡到警察不小心掉在车上的配枪，李四将该枪典当。李四的行为构成非法出借枪支罪

D. 合法的采矿企业需要使用炸药，其具有炸药的使用和储存资格以及相关执照。疫情期间因炸药供应不稳定，企业把平时节约下来的炸药存放在矿井底下废弃的采矿场，然后谎称炸药用完了再购买新炸药。节约下来的炸药在疫情导致炸药供应不上的时候用于继续从事生产经营（私藏的炸药可供企业使用5天）。而且，储存炸药的地方偏僻，平时没有人去，企业还派了专人看守炸药，建立了取用的台账管理制度。公安机关检查时发现了企业私藏的炸药，导致案发。企业的行为构成非法储存爆炸物罪

[考 点] 恐怖活动犯罪；枪支、弹药犯罪

66. 关于交通肇事罪，下列说法错误的有：（　　）（多选）

A. 甲驾驶车辆时违章将乙撞成重伤。甲下车观察后，以为乙已经死亡。为逃避刑事责任，甲将乙扔入大海。后乙被海浪拍打到礁石上，因脑出血而死。甲属于交通肇事逃逸致人死亡

B. 乙开车将正在穿行人行道的林某撞成重伤，后送林某去医院时接到女友电话，女友劝其不要送医，乙遂将林某放在繁华路段的马路旁边。林某后因得不到及时救助而死亡。乙和女友的行为构成交通肇事罪

C. 丙在繁华路段飙车，2名老妇因受到惊吓致心脏病发作死亡。丙的行为构成交通肇事罪

D. 丁吸毒后驾车将李四撞死，负事故主要责任，副座的李某主动顶罪，和丁调换座位，在交警前来处理时大包大揽。丁虽然没有逃离事故现场，

但根据司法解释的规定，这也属于"交通肇事后逃逸"

[考点] 交通肇事罪

67. 关于交通肇事罪与其他犯罪关系的论述，下列哪些选项是正确的？（　　）

（多选）

A. 甲酒后驾车撞伤一行人，下车观察时，以为行人（在快速路中央）已死，遂逃离事故现场，行人40分钟后因后车碾压而死。甲的行为属于"交通肇事逃逸致人死亡"

B. 乙明知车辆的安全装置不全，仍然指使其雇员王某驾驶该车辆运输货物；王某明知车辆有缺陷仍超速行驶，造成交通事故，导致1人死亡。乙与王某构成交通肇事罪的共同犯罪

C. 丙酒后驾车，因为疲乏在路旁停车位上休息打盹，李四骑电单车从旁边经过，没有注意，与丙的车辆相撞死亡。对丙不能以交通肇事罪论处

D. 甲开货车在拐弯时颠簸了一下，以为压了一块石头。回家后，甲发现轮胎上有血，于是立即驱车前往货车颠簸之地，发现有许多警察，非常害怕，后逃离现场。经查，被害人当时就被碾压致死，甲负事故主要责任。甲的行为构成交通肇事逃逸致人死亡这种加重情节

[考点] 交通肇事罪

68. 关于危险驾驶罪，下列说法错误的有：（　　）（多选）

A. 甲是校车所有人，指示司机张某严重超过额定乘员载客。甲和张某的行为分别构成危险驾驶罪

B. 乙在车辆众多的高速公路上逆向追逐竞驶，没有造成严重后果。对乙应认定为危险驾驶罪

C. 丙明知他人即将驾驶机动车出游，而暗中在其饮料中掺入酒精，驾驶者不知情而驾驶机动车。对丙不应认定为危险驾驶罪

D. 丁出于急救伤病人员等紧急情况驾驶机动车，但不构成紧急避险，如果其血液酒精含量超过150毫克/100毫升，应当以危险驾驶罪追究其刑事责任

[考点] 危险驾驶罪

69. 下列不构成重大责任事故罪的有：（　　）（多选）

A. 甲在运输易燃物质过程中发生火灾，造成4人死亡
B. 乙在大风天仍然强令6名工人施工，导致2人从高空坠落
C. 丙在生产中关闭、破坏直接关系生产安全的监控、报警、防护、救生设备、设施，或者篡改、隐瞒、销毁其相关数据、信息，存在重大危险
D. 丁系某公司负责人，该公司长期非法将污水排到河水中，严重污染环境

[考 点] 重大责任事故罪

答案及解析

61. [考 点] 选择性罪名

[答 案] AD

[解 析] 对于选择性罪名，无论犯罪对象是同一还是不同一，都不能够数罪并罚。在同一的情况下，数量不可累加；在不同一的情况下，数量可以累加。吸收犯只限于对象同一的情况，在对象不同一时，是要数罪并罚的。

A 错误。构成走私武器罪和非法买卖枪支罪，应当数罪并罚。走私武器之后不一定需要销售，两者不具有伴随性。但是如果走私毒品后再销售，则是选择性罪名，应以走私、贩卖毒品罪论处，不能数罪并罚。

B 正确。组织卖淫罪和容留卖淫罪虽然是吸收关系，但吸收关系只限于同一对象，而这是不同对象，所以应当数罪并罚。

C 正确。这构成两个独立的犯罪，走私武器罪和非法买卖枪支罪，也不是吸收犯，不具有伴随性，应当数罪并罚。

D 错误。这是选择性罪名，构成出售、购买、运输假币罪，对象不同一，数额要累加。

本题为选非题，故答案为AD。

62. [考 点] 拟制规定和注意规定

[答 案] BCD

[解 析] A 错误。A 是提示性规定。

B 正确。B 是提示性规定。

C正确。C中"违反药品管理法规"是空白罪状，"有前款行为"是引证罪状。另外，本条也详细描述了犯罪构成，属于叙明罪状。故这个法条中存在叙明罪状、空白罪状和引证罪状，只是没有简单罪状。

D正确。D中挪用公款罪的对象是"款"，但挪用特定款物罪既有"款"又有"物"，因此针对"款"是注意规定，针对"物"是拟制规定。

63. [考点] 危害国家安全罪

[答案] B

[解析] A错误。叛逃罪是抽象危险犯，危险是立法推定的，无需司法证明。另外，叛逃罪的主体是国家机关工作人员和掌握国家秘密的国家工作人员，一般不包括大学老师。即便该大学老师属于履行公务的国家工作人员，也必须要满足掌握国家秘密叛逃境外或者在境外叛逃的条件，才构成叛逃罪。

B正确。向国家工作人员提供毒品，也属于行贿。

C错误。为境外窃取、非法提供商业秘密罪属于破坏社会主义市场经济秩序罪，而非危害国家安全罪。

D错误。只可并处没收财产，不能并处罚金。

64. [考点] 危害公共安全罪

[答案] AC

[解析] A正确。以危险方法危害公共安全罪必须出现和放火、投放危险物质等行为具有等价性的危险，甲的行为并未创造这种危险，所以不构成此罪。

B错误。乙的行为构成破坏交通设施罪，不构成兜底罪名以危险方法危害公共安全罪。

C正确。丙的行为属于准备实施恐怖活动罪本身的犯罪预备。

D错误。在无法判断行为人的逃离行为是否耽误了救助时，只能推定没有耽误救助，故丁的行为不属于逃逸致人死亡。

65. [考点] 恐怖活动犯罪；枪支、弹药犯罪

[答案] B

解析 A 错误。构成准备实施恐怖活动罪，不再以恐怖活动罪的犯罪预备论处，同时和非法买卖枪支、弹药罪想象竞合。

B 正确。张某的行为属于私藏。根据《最高人民法院关于审理非法制造、买卖、运输枪支、弹药、爆炸物等刑事案件具体应用法律若干问题的解释》第8条第2、3款的规定，"非法持有"，是指不符合配备、配置枪支、弹药条件的人员，违反规定，擅自持有枪支、弹药的行为；而"私藏"，是指依法配备、配置枪支、弹药的人员，在配备、配置枪支、弹药的条件消除后，违反规定，私自藏匿所配备、配置的枪支、弹药且拒不交出的行为。

C 错误。非法出借枪支罪的主体必须是枪支的合法持有主体。

D 错误。由于企业以确保安全的方式储存爆炸物，因此不存在刑法所禁止的抽象危险，更不存在具体危险。所以，对企业的行为不应当认定为非法储存爆炸物罪。

66. [考点] 交通肇事罪

[答案] ABC

解析 A 错误。构成过失致人死亡罪。交通肇事当场没有致被害人死亡，但被告人误以为已经死亡，将被害人转移并予以遗弃后逃跑，介入因素独立致被害人死亡的，定过失致人死亡罪与交通肇事罪（如果构成犯罪的话）。

B 错误。根据相关司法解释的规定，交通肇事后，单位主管人员、机动车辆所有人、承包人或者乘车人指使肇事人逃逸，致使被害人因得不到救助而死亡的，以交通肇事罪的共犯论处。B 中，乙构成交通肇事致人死亡，但女友不属于单位主管人员、机动车辆所有人、承包人或者乘车人，所以不构成交通肇事罪。

C 错误。丙的行为与老妇的死亡结果之间无因果关系，不构成交通肇事罪。法律对飙车的禁止是为了保护道路上的人员、车辆安全，而非路边行人的安全。

D 正确。毒驾致人死亡构成交通肇事罪，同时又逃避法律追究的，属于逃逸。

本题为选非题，故答案为 ABC。

67. [考点]交通肇事罪

[答案] AC

[解析] A 正确。"因逃逸致人死亡",《最高人民法院关于审理交通肇事刑事案件具体应用法律若干问题的解释》第5条第1款规定为"行为人在交通肇事后为逃避法律追究而逃跑,致使被害人因得不到救助而死亡的情形"。因此,成立此种交通肇事罪,初始的交通肇事行为本身无需符合基本构成要件。甲属于交通肇事逃逸致人死亡。

B 错误。《最高人民法院关于审理交通肇事刑事案件具体应用法律若干问题的解释》第7条规定,单位主管人员、机动车辆所有人或者机动车辆承包人指使、强令他人违章驾驶造成重大交通事故,具有本解释第2条规定情形之一的,以交通肇事罪定罪处罚。但这不属于共犯,各自构成交通肇事罪。

C 正确。醉酒和事故没有因果关系。

D 错误。D 中,甲是在被害人死亡后逃逸,构成交通肇事后逃逸这种加重情节。

68. [考点]危险驾驶罪

[答案] ABCD

[解析] 下列危险驾驶行为,构成犯罪:①追逐竞驶,情节恶劣的;②醉酒驾驶机动车的;③从事校车业务或者旅客运输,严重超过额定乘员载客,或者严重超过规定时速行驶的;④违反危险化学品安全管理规定运输危险化学品,危及公共安全的。其中,前三项是抽象危险犯,第4项是具体危险犯。机动车所有人、管理人对第3、4项行为负有直接责任的,依照危险驾驶罪的规定处罚。

A 错误。两人应该成立危险驾驶罪的共同犯罪。

B 错误。乙构成以危险方法危害公共安全罪。

C 错误。丙属于危险驾驶罪的间接正犯。

D 错误。2023年12月《最高人民法院、最高人民检察院、公安部、司法部关于办理醉酒危险驾驶刑事案件的意见》第12条规定,醉驾具有下列情形之一,且不具有本意见第10条规定情形的,可以认定为情节显著轻微、危害不大,依照《刑法》第13条、《刑事诉讼法》第16条的规定处理：①血液酒精含量不满150毫克/100毫升的；②出于急救伤病人员等紧急情况驾驶机动车，且不构成紧急避险的；③在居民小区、停车场等场所因挪车、停车入位等短距离驾驶机动车的；④由他人驾驶至居民小区、停车场等场所短距离接替驾驶停放机动车的，或者为了交由他人驾驶，自居民小区、停车场等场所短距离驶出的；⑤其他情节显著轻微的情形。醉酒后出于急救伤病人员等紧急情况，不得已驾驶机动车，构成紧急避险的，依照《刑法》第21条的规定处理。因此，只要是"出于急救伤病人员等紧急情况驾驶机动车，且不构成紧急避险的"，也可不构成危险驾驶罪。

本题为选非题，故答案为ABCD。

69. [考点] 重大责任事故罪

[答案] ABCD

[解析] A当选，甲构成危险物品肇事罪。

B当选，乙构成强令、组织他人违章冒险作业罪。这是《刑法修正案（十一）》改动的罪名，增加了一个罪状——"明知存在重大事故隐患而不排除，仍冒险组织作业"，即"强令他人违章冒险作业，或者明知存在重大事故隐患而不排除，仍冒险组织作业，因而发生重大伤亡事故或者造成其他严重后果的"。

C当选，丙构成危险作业罪。危险作业罪规定在《刑法》第134条之一中，其罪状为在生产、作业中违反有关安全管理的规定，有下列情形之一，具有发生重大伤亡事故或者其他严重后果的现实危险的，处1年以下有期徒刑、拘役或者管制：①关闭、破坏直接关系生产安全的监控、报警、防护、救生设备、设施，或者篡改、隐瞒、销毁其相关数据、信息的；②因存在重大事故隐患被依法责令停产停业、停止施工、停止使用有关设备、设施、场所或者立即采取排除危险的整改措施，而拒不执行的；③涉及安全生产的事项未经依法批准或者许可，擅自从事矿山开采、金属冶炼、建筑施工，以及危险物品生产、经营、储存等高度危险的生产作业活动的。

D当选，丁构成污染环境罪。

第7讲 经济犯罪

专题 ⑫ 经济犯罪

70. 关于生产、销售伪劣商品犯罪，下列说法正确的是：（　　）（单选）

A. 张三是医生，知道某种感冒药是以面粉做成的，仍然开给病人。张三的行为构成提供假药罪

B. 李四未取得药品相关批准证明文件进口药品或者明知是国务院药品监督管理部门禁止使用的药品而销售，涉案药品在境外也未合法上市。李四的行为不构成妨害药品管理罪

C. 王五销售婴儿奶粉，但奶粉中含有的婴儿生长发育所需的营养成分严重不符合食品安全标准。王五的行为构成销售有毒、有害食品罪

D. 某公司生产劣药，但还没有销售。只要销售金额在 5 万元以上，就可以直接认定为生产、销售伪劣产品罪；如果该公司承认该药品会对人体健康造成严重危害，那么还可以构成生产、销售劣药罪的既遂

[考 点] 生产、销售伪劣商品犯罪

71. 下列说法不正确的有：（　　）（多选）

A. 甲走私进口黄金，偷逃应缴税额数额较大，又以暴力抗拒缉私。对甲应以走私贵重金属罪从重处罚

B. 乙明知他人从国外购买了一批枪支、弹药，为了收藏而从他人处购买。乙的行为属于间接走私，构成走私武器、弹药罪

C. 丙走私国家禁止进口的报废老爷车。对丙不应以走私普通货物罪定罪处罚

D. 丁走私毒品，又以暴力方法抗拒检查。对丁应以走私毒品罪和妨害公务罪数罪并罚

[考点] 走私犯罪

72. 关于走私犯罪，下列说法正确的是：（　　）（单选）

A. 甲帮朋友从境外偷运大量玩具水枪（逃税数额较大），但事实上是真枪。甲的行为构成走私武器罪

B. 乙因做生意失败，欠款50万元，遂将自己市价60万元的免税的轿车（购置价为20万元）抵债。乙的行为构成走私普通货物、物品罪

C. 张三携带大量犀牛角出境。张三的行为构成走私普通货物、物品罪

D. 朋友托丁携带大量假币入境，但后来被查获时发现是毒品。丁的行为构成走私毒品罪

[考点] 走私犯罪

73. 国有大医院医生张某利用开高价药处方收受医药代表、某医疗器械公司经理李四大量回扣。张某升任医院院长后，更是长期接受李四的财物。李四以高于市场价格3倍的价格从情人经营管理的单位采购医疗器械，转卖给医院。后李四利用张某的信任，又与该医院签订了价值500万元的医疗器械买卖合同，并故意将已被淘汰的医疗器械当成进口医疗器械卖给该医院。张某在签订合同时亦未认真审查合同、查验样品，给医院造成重大损失。后李四携款逃往境外。下列说法不正确的有：（　　）（多选）

A. 张某的受贿行为只构成受贿罪

B. 李四的行贿行为只构成行贿罪

C. 李四还构成为亲友非法牟利罪

D. 张某还构成签订、履行合同失职被骗罪

[考点] 商业受贿犯罪

74. 关于货币犯罪，下列说法不正确的是：（　　）（单选）

A. 甲伪造了10万假美元，又出售了10万元假人民币，对其应以伪造货币罪从重处罚

B. 乙伪造了大量硬币（纪念币）并置入流通市场，当国家不能分辨真伪，不得不承认其所伪造的硬币也有效时，其行为导致国民对货币的真实性

产生疑问，依然构成伪造货币罪

C. 丙购买了10万假欧元，又将其赠与好友，对其应以购买假币罪从重处罚

D. 丁在ATM机中存入假币，然后再从另外一台ATM机中取真钱。丁的行为构成使用假币罪和盗窃罪，应数罪并罚

[考点] 货币犯罪

75. 关于使用假币罪，下列说法正确的有：（　　）（多选）

A. 甲用1万元假币购买毒品，毒贩知道是假币表示同意。甲的行为构成使用假币罪

B. 乙将1万元假币送给女友。即便女友并不知情，乙的行为也构成使用假币罪

C. 甲拿出假美元，乙信以为真，以略低于银行汇率的价格向甲购买了5万美元。甲的行为构成使用假币罪

D. 丁用1万元假币换取张三的1000元真币。丁的行为构成使用假币罪

[考点] 货币犯罪

76. 关于信用卡犯罪的行为，下列说法正确的有：（　　）（多选）

A. 张三是未成年，用老乡甲的身份证办了一张工资卡。后甲持身份证让银行工作人员将工资卡中的7万余元全部转入自己的另一张借记卡中。甲的行为构成信用卡诈骗罪

B. 甲是持卡人，将信用卡出借给乙使用，但在发现乙有恶意透支行为后，甲立即催促乙还款，在催促未果的情况下到公安机关报案，同时对涉案的信用卡进行挂失，防止损失扩大。即便认为乙的行为构成信用卡诈骗罪，甲的行为也不构成犯罪

C. 徐某帮助赵某收回朱某欠赵某的款额3万元，徐某提出为赵某办理一张存折，以便接收朱某的3万元汇款。在收到朱某的3万元汇款后，徐某未征得赵某的同意，擅自在赵某的账户上办理了一张赵某名义的准贷记卡（备用金为3万元）。徐某将存折交给赵某后，私自持有赵某名义的准贷记卡。在赵某持存折从银行取出3万元之后，徐某持准贷记卡透支2万元。发卡银行随后向赵某催收，赵某才得知徐某以自己的名义办理了准贷记卡。徐某的行为构成信用卡诈骗罪

D. 张三拨打餐厅订餐电话谎称要消费，在商议付款方式时，诱导餐厅员工

提供支付宝付款条形码的 18 位数字，从而由付款变成了收款。* 餐厅员工以为是在收款，其实是在付款。后餐厅员工发现自己的支付宝有 2 笔支出，共消费 7000 余元。张三的行为构成信用卡诈骗罪

[考 点] 信用卡犯罪

77. 关于贷款犯罪，下列说法不正确的有：（　　）（多选）

　　A. 张某为了买房，通过伪造相关材料，以欺骗手段获取银行贷款 300 万元，但仍正常归还银行本息。张某构成骗取贷款罪

　　B. 李某因公司发展需要，向银行贷款 1000 万元，后因公司经营不善，李某便将贷款以更高的利息转贷给了其他公司。李某构成高利转贷罪

　　C. 吴某为了扩大经营规模，向数千人高息揽储，后因资金链断裂，吴某携款潜逃。吴某构成非法吸收公众存款罪

　　D. 赵某是某国有银行行长，在收受甲公司 50 万元好处费后，明知甲公司不符合贷款条件，仍然向甲公司发放贷款 3000 万元，使银行遭受重大损失。甲公司构成行贿罪；赵某构成受贿罪、挪用公款罪，数罪并罚

[考 点] 贷款犯罪

78. 高某伙同多人在明知没有相关金融许可的情况下，仍以三三养生养老有限公司的名义宣称提供养老服务，承诺按照投资的金额，每年返还 10% 左右的"福利"，投资金额越高，返利力度越大，床位费折扣也越大。高某通过签订养老公寓房屋使用权合同并许以高额利息的方式，采取定期培训、印刷宣传单、口口相传、发放吸收存款提成的手段，吸收存款 828.5 万元，涉及 222 名老年人。关于高某行为的定性，下列说法正确的是：（　　）（单选）

　　A. 高某的行为构成非法吸收公众存款罪，在提起公诉前积极退赃退赔，减少损害结果发生的，可以从轻或者减轻处罚

　　B. 高某的行为构成集资诈骗罪，在提起公诉前积极退赃退赔，减少损害结果发生的，可以从轻或者减轻处罚

---

* 提示：付款码仅用于线下向对方付款时使用。付款码页面包括"二维码"和"条形码"，其中，条形码下方有 18 位数字，商家可以手动输入条形码下方的数字完成交易。请勿通过其他途径泄露付款码页面的任何信息。

C. 高某的行为构成非法经营罪,在提起公诉前积极退赃退赔,减少损害结果发生的,可以免予处罚

D. 高某的行为构成组织、领导传销活动罪,在提起公诉前积极退赃退赔,减少损害结果发生的,可以酌情从宽处罚

[考 点] 非法集资犯罪

79. 关于洗钱罪,下列说法不正确的有:(　　)(多选)

A. 甲走私毒品后,将走私的毒品予以窝藏。甲的行为构成走私毒品罪,不构成洗钱罪

B. 乙受黑社会老大李四吩咐,为其提供资金账户,将以李四为首的黑社会组织实施的抢劫所得转移至境外。乙的行为构成洗钱罪,但李四的行为不构成洗钱罪

C. 刘某伪造货币,获利颇丰,并告诉丙此钱是盗窃所得,让丙帮其投资,掩饰犯罪所得。丙的行为构成洗钱罪

D. 丁将赵六的集资诈骗犯罪所得误认为是走私犯罪所得,通过转账的方式,协助赵六转移了该笔资金。丁的行为构成洗钱罪

[考 点] 洗钱罪

80. 关于信用卡犯罪的行为,下列说法正确的有:(　　)(多选)

A. 甲使用移动伪基站,获取他人信用卡信息以及手机银行的验证码,取得他人信用卡内的财物,金额高达数百万元,构成盗窃罪

B. 特约商户职员乙在捡拾到顾客信用卡后,伪造客户签单,购买商品或者消费,构成信用卡诈骗罪

C. 捡拾信用卡的特约商户职员丙(非国家工作人员)接收到发卡银行止付通知后,假冒他人签名,在自己所在商场"购物",构成职务侵占罪

D. 持卡人将自己的信用卡交给实际用卡人使用,持卡人对实际用卡人的恶意透支行为知情,且放任不管也不归还透支款,构成信用卡诈骗罪

[考 点] 信用卡犯罪

81. 甲盗窃了乙的借记卡与身份证,记下了借记卡的卡号后将借记卡偷偷放回原处。随后,甲持乙的身份证并冒充乙向银行挂失。由于甲能向银行工作人员准确提供借记卡的姓名、卡号与密码,因此银行工作人员信以

为真。但甲并没有要求银行工作人员为其补办新的借记卡，而是让银行工作人员将乙借记卡中的 7000 余元全部转入自己的另一借记卡。甲的行为构成什么罪？（　　）（单选）

A. 盗窃罪
B. 信用卡诈骗罪
C. 侵占罪
D. 诈骗罪

[考点] 信用卡犯罪

82. 下列说法正确的有：（　　）（多选）

A. 张某在车站扒窃，将李某钱包（价值 30 元）窃出，内有李某身份证、100 元现金及信用卡一张。李某于次日将信用卡挂失。后张某持李某身份证将李某补办的信用卡再次挂失，补办了一张新卡并持此信用卡在商场透支消费，金额共 1 万元。张某的行为构成盗窃罪和信用卡诈骗罪，应当数罪并罚

B. 甲通过不法渠道购买大量信用卡身份信息，通过这些信息制作信用卡并刷卡消费。甲的行为构成信用卡诈骗罪

C. 乙在李四午休时将李四的手机拿走，多次用李四的手机捆绑舍友王五的银行卡号，使用微信支付购物，然后删除手机微信短信交易提醒，消费额达数万元。乙的行为不构成盗窃罪

D. 交警丙故意为张三实施保险诈骗提供虚假鉴定结论。丙的行为构成提供虚假证明文件罪与保险诈骗罪的想象竞合犯，应当从一重罪处罚

[考点] 信用卡犯罪

83. 李某向赵某支付人民币 4 万元，租用赵某名下尾号为 5875 的银行卡用于电信诈骗。数月后，赵某在李某不知情的情况下，将该卡挂失销户。关于本案，下列说法正确的是：（　　）（单选）

A. 如果赵某将卡中余额人民币 150 万元转至他人名下，则无论按照何种观点，赵某的行为都不构成盗窃罪

B. 如果赵某将卡中余额人民币 150 万元转至他人名下，则赵某的行为不再构成帮助信息网络犯罪活动罪

C. 如果赵某没有实施任何取款的行为，则其挡卡行为客观上保护了电信诈骗被害人的财产，不成立任何财产犯罪的既遂

D. 如果赵某在将卡挂失销户后及时向公安机关报案，挽回了被害人的财产，

则赵某的行为属于帮助信息网络犯罪活动罪的犯罪中止

考点 信用卡犯罪

84. 关于虚开（增值税专用）发票罪，下列哪些选项是正确的？（　　）（多选）

A. 甲客观上虚开了可以用于骗取税款的增值税专用发票，主观上却误认为自己虚开的是不能用于骗取税款的普通发票。甲的行为构成虚开发票罪。造成国家税款损失，甲补缴税款、挽回税收损失，有效合规整改的，可以从宽处罚；犯罪情节轻微不需要判处刑罚的，可以不起诉或者免予刑事处罚；情节显著轻微危害不大的，不作为犯罪处理

B. 甲、乙双方以相同的数额相互为对方虚开增值税专用发票，并且已按规定缴纳税款，不具有骗取国家税款的故意和现实危险。两人的行为不构成虚开增值税专用发票罪

C. 甲为虚增业绩、融资、贷款等不以骗抵税款为目的虚开增值税专用发票，没有因抵扣造成税款被骗损失。甲的行为不构成虚开增值税专用发票罪

D. 张某强与他人合伙成立个体企业某龙骨厂，因该龙骨厂系小规模纳税人，无法为购货单位开具增值税专用发票，张某强遂以他人开办的鑫源公司名义对外签订销售合同。张某强先后与6家公司签订轻钢龙骨销售合同，购货单位均将货款汇入鑫源公司账户，鑫源公司为上述6家公司开具增值税专用发票共计53张，价税合计4 457 701.36元，税额647 700.18元。张某强的行为不构成犯罪

考点 发票犯罪

85. 下列说法正确的有：（　　）（多选）

A. 甲未经权利人许可，故意避开权利人为升级软件采取的保护措施，只要点击网站上的链接广告，就能免费升级该软件。甲因此获利数十万元。甲的行为构成侵犯著作权罪

B. 中介乙为他人申请新药品提供虚假证明文件，非法收受他人50万元财物。乙的行为构成提供虚假证明文件罪和非国家工作人员受贿罪，依照处罚较重的规定定罪处罚

C. 丙不具有销售保险的真实意图，假冒保险公司、伪造保险单据，非法为多人办理保险业务，情节严重。丙的行为构成非法经营罪

D. 丁非法经营汽油、柴油。既然《刑法修正案（十一）》增加了危险作业罪，明文规定将擅自从事危险物品生产、经营、储存的行为按危险作业罪论处，就间接否认了对非法经营汽油、柴油的行为以非法经营罪论处的做法，丁的行为构成危险作业罪

[考 点] 经济犯罪

答案及解析

70. [考 点] 生产、销售伪劣商品犯罪

[答 案] A

[解 析] A 正确。《刑法修正案（十一）》增加了提供假药罪："药品使用单位的人员明知是假药而提供给他人使用的，依照前款的规定处罚。"

B 错误。根据相关司法解释的规定，该药品在境外也没有上市，这种情况已经具备了具体危险，李四的行为构成妨害药品管理罪。

C 错误。应该构成生产、销售不符合安全标准的食品罪。

D 错误。生产、销售劣药罪是结果犯，单纯的生产行为无法达到这种结果，因此该公司不构成此罪的既遂。

71. [考 点] 走私犯罪

[答 案] ABD

[解 析] A 错误。应当以走私普通货物、物品罪和妨害公务罪数罪并罚。

B 错误。明知是走私物而收购的，构成走私罪。但收购的目的是销售，因此，明知是走私物而收藏的，不构成走私罪。

C 正确。构成走私国家禁止进出口的货物、物品罪。

D 错误。属于走私毒品罪的包容犯。

本题为选非题，故答案为 ABD。

72. [考 点] 走私犯罪

[答 案] B

[解 析] A 错误。普通法和特别法在普通法的范围内重合，构成走私普通

货物、物品罪。

B正确。乙属于消极谋利，避免损失扩大，构成走私普通货物、物品罪。

C错误。构成走私珍贵动物、珍贵动物制品罪。

D错误。构成走私国家禁止进出口的货物、物品罪，假币和毒品都是国家禁止进出口的货物。

73. [考点] 商业受贿犯罪

[答案] AB

[解析] AB错误。张某作为国有大医院院长，收受财物、签订医疗器械买卖合同，给医院造成重大损失，构成受贿罪；其利用开处方的职务便利收受财物的行为还构成非国家工作人员受贿罪。同理，李四构成行贿罪和对非国家工作人员行贿罪。

C正确。根据《刑法修正案（十二）》的规定，李四构成为亲友非法牟利罪，该罪的客观表现有三种：①将本单位的盈利业务交由自己的亲友进行经营的；②以明显高于市场的价格从自己的亲友经营管理的单位采购商品、接受服务或者以明显低于市场的价格向自己的亲友经营管理的单位销售商品、提供服务的；③从自己的亲友经营管理的单位采购、接受不合格商品、服务的。

D正确。张某还构成签订、履行合同失职被骗罪。

本题为选非题，故答案为AB。

74. [考点] 货币犯罪

[答案] A

[解析] A错误。吸收犯只针对同一对象，甲不属于吸收犯，应当数罪并罚。

B正确。乙的行为侵犯了货币的公共信用。

C正确。购买假币又使用的，应当从重处罚。

D正确。数行为侵犯数法益，数罪并罚。

本题为选非题，故答案为A。

75. [考点] 货币犯罪

[答案] BC

[解析] 大多数时候使用假币是一种特殊的诈骗行为，因此一般以被害人陷入认识错误，不知道是假币为要件；而出售、购买假币罪的行为人必须明知是假币。

A 错误。这属于物物交换的出售、购买行为，双方都知道是假币，构成出售假币罪，支付财物对价即为出售、购买。

B 正确。使用假币必须让假币有可能进入流通领域，侵害货币的公共信用，赠与假币的行为属于使用。

C 正确。乙不知情，甲不构成出售、购买假币罪，而构成使用假币罪。

D 错误。丁的行为属于出售、购买行为。

76. [考点] 信用卡犯罪

[答案] BC

[解析] A 错误。A 中，甲的行为没有欺骗银行，不构成信用卡诈骗罪，但可能构成侵占罪。

B 正确。B 中，甲没有恶意透支的故意，并积极催促乙还款，即便认为乙的行为构成信用卡诈骗罪，甲的行为也不构成信用卡诈骗罪。

C 正确。C 中，徐某的行为至少属于冒用他人信用卡，构成信用卡诈骗罪。

D 错误。窃取他人手机银行的信用卡信息并使用的，构成信用卡诈骗罪（同时还触犯《刑法》第177条之一第2款的窃取信用卡信息罪）。D 中，张三的行为并未盗取信用卡信息，不构成信用卡诈骗罪，应当以盗窃罪论处。

77. [考点] 贷款犯罪

[答案] ABCD

[解析] A 错误。骗取贷款，是指以欺骗手段取得银行或者其他金融机构贷款、票据承兑、信用证、保函等，给银行或者其他金融机构造成重大损失的行为，张某的行为没有造成重大损失，所以不构成骗取贷款罪。

B 错误。高利转贷的目的产生于贷款前。

C 错误。携款潜逃证明吴某有非法占有目的，所以构成集资诈骗罪。

D 错误。甲公司构成单位行贿罪而非行贿罪，赵某构成受贿罪、违法发放贷款罪。

本题为选非题，故答案为 ABCD。

78. [考 点] 非法集资犯罪

[答 案] A

[解 析] A 正确。这是典型的非法吸收公众存款罪，在提起公诉前积极退赃退赔，减少损害结果发生的，可以从轻或者减轻处罚。同时，高某无非法占有目的，不能认定为集资诈骗罪。根据相关司法解释的规定，违反国家金融管理法律规定，向社会公众（包括单位和个人）吸收资金的行为，同时具备下列四个条件的，除《刑法》另有规定的以外，应当认定为《刑法》第176条规定的"非法吸收公众存款或者变相吸收公众存款"：①未经有关部门依法许可或者借用合法经营的形式吸收资金（非法性）；②通过网络、媒体、推介会、传单、手机信息等途径向社会公开宣传（公开性）；③承诺在一定期限内以货币、实物、股权等方式还本付息或者给付回报（利诱性）；④向社会公众即社会不特定对象吸收资金（社会性）。未向社会公开宣传，在亲友或者单位内部针对特定对象吸收资金的，不属于非法吸收或者变相吸收公众存款。社会公众包括单位和个人。

79. [考 点] 洗钱罪

[答 案] BC

[解 析] A 正确。甲窝藏毒品的行为并没有侵犯金融管理秩序，所以不构成洗钱罪。

B 错误。抢劫所得是黑社会的间接收益，同时自洗钱也构成洗钱罪。
C 错误。主客观在掩饰、隐瞒犯罪所得罪中统一。
D 正确。丁的行为构成洗钱罪。

本题为选非题，故答案为 BC。

80. [考 点] 信用卡犯罪

[答 案] BCD

解析 盗窃信用卡并使用的，依照盗窃罪定罪处罚。这是一种特殊的盗窃罪，它包括两个步骤：①盗窃信用卡。不包括盗窃伪造的信用卡，也不包括盗窃信用卡信息资料在网上银行和电话银行使用。②（按照信用卡的应有用途）使用该盗窃的信用卡。

A 错误。甲属于盗窃信用卡信息并使用，构成信用卡诈骗罪。

B 正确。捡拾信用卡并使用的，构成信用卡诈骗罪。

C 正确。信用卡诈骗罪是三角诈骗，但 C 中并非三角诈骗，持卡人没有遭受财物损失，所以不构成信用卡诈骗罪，而构成职务侵占罪。

D 正确。构成信用卡诈骗罪。持卡人放任他人恶意透支，可以构成恶意透支型的信用卡诈骗罪。

81. [考点] 信用卡犯罪

[答案] B

解析 B 当选。这属于使用虚假的身份证明骗领的信用卡，是典型的三角诈骗关系。

82. [考点] 信用卡犯罪

[答案] ABC

解析 A 正确。张某的前行为构成盗窃罪，后行为属于使用虚假的身份证明骗领信用卡，构成信用卡诈骗罪。

B 正确。《最高人民法院、最高人民检察院关于办理妨害信用卡管理刑事案件具体应用法律若干问题的解释》第 5 条第 2 款规定，《刑法》第 196 条第 1 款第 3 项所称"冒用他人信用卡"，包括以下情形：①拾得他人信用卡并使用的；②骗取他人信用卡并使用的；③窃取、收买、骗取或者以其他非法方式获取他人信用卡信息资料，并通过互联网、通讯终端等使用的；④其他冒用他人信用卡的情形。故甲构成信用卡诈骗罪，同时还构成伪造金融票证罪，从一重罪处罚。

C 正确。盗窃手机，使用手机中的支付宝、微信银行的，由于没有侵犯信用卡管理秩序，因此只构成盗窃罪。当然，如果窃取或骗取他人借记卡信息资料，通过支付宝关联到该银行卡信息，将卡内钱款占为己有，则构成信用卡诈骗罪，不构成盗窃罪。

D 错误。保险事故的鉴定人、证明人、财产评估人故意提供虚假的证明文件，为他人诈骗提供条件的，以保险诈骗罪的共犯论处，而不构成提供虚假证明文件罪。

83. [考点] 信用卡犯罪
[答案] C
[解析] A 错误。A 中，如果认为银行卡内的财产归赵某占有，则赵某的行为构成侵占罪；如果认为财产归李某占有，则赵某的行为构成盗窃罪；如果认为财产归银行占有，则赵某的行为构成诈骗罪。

BD 错误。BD 中，赵某明知他人实施网络犯罪，依然提供银行卡，已经构成帮助信息网络犯罪活动罪，事后的悔改行为不影响本罪的既遂。

C 正确。C 中，在电信诈骗型案件中，供卡人实施的掐卡行为本身保护了电信诈骗被害人的财产，属于违法性阻却事由，不成立犯罪或者至少不成立财产犯罪的既遂。但供卡人在掐卡后实施的取款行为，构成财产犯罪。

84. [考点] 发票犯罪
[答案] ABCD
[解析] A 正确。普通和特殊在普通的范围内重合。2024 年 3 月 15 日《最高人民法院、最高人民检察院关于办理危害税收征管刑事案件适用法律若干问题的解释》第 21 条第 1 款规定，实施危害税收征管犯罪，造成国家税款损失，行为人补缴税款、挽回税收损失，有效合规整改的，可以从宽处罚；犯罪情节轻微不需要判处刑罚的，可以不起诉或者免予刑事处罚；情节显著轻微危害不大的，不作为犯罪处理。

B 正确。没有侵犯税收法益的可能，不成立犯罪。

C 正确。没有侵犯税收法益，不构成虚开增值税专用发票罪。根据 2024 年 3 月 15 日《最高人民法院、最高人民检察院关于办理危害税收征管刑事案件适用法律若干问题的解释》第 10 条第 2 款的规定，为虚增业绩、融资、贷款等不以骗抵税款为目的，没有因抵扣造成税款被骗损失的，不构成虚开增值税专用发票罪或者虚开用于骗取出口退税、抵扣税款发票罪，构成其他犯罪的，依法以其他犯罪追究刑事责任。

D 正确。最高人民法院判例认为，被告人张某强以其他单位名义对外签订销售合同，由该单位收取货款、开具增值税专用发票，不具有骗取国家税款的目的，未造成国家税款损失，其行为不构成虚开增值税专用发票罪。其行为没有侵犯税收法益，不构成犯罪。

85. [考点] 经济犯罪

[答案] ABD

[解析] A 正确。构成侵犯著作权罪。根据《刑法修正案（十一）》的规定，以营利为目的，未经著作权人或者与著作权有关的权利人许可，故意避开或者破坏权利人为其作品、录音录像制品等采取的保护著作权或者与著作权有关的权利的技术措施的，构成侵犯著作权罪。

B 正确。根据《刑法修正案（十一）》的规定，索取他人财物或者非法收受他人财物，不再属于情节加重犯。如果同时构成提供虚假证明文件罪的加重情节和受贿罪、非国家工作人员受贿罪，依照处罚较重的规定定罪处罚。

C 错误。根据相关司法解释的规定，这是典型的非法吸收公众存款行为，构成非法吸收公众存款罪。但如果具有销售保险的真实意图，只是未经国家有关主管部门批准非法经营保险业务，则构成非法经营罪。

D 正确。轻罪时代应当尽量减少模糊性的重罪适用，总体来说，公共安全法益比经济秩序法益更为重要，司法机关更应当重非法经营汽油、柴油的行为对公共安全的危险，将这种行为认定为危险作业罪。

第8讲 人身犯罪

专题 ⑬ 人身犯罪

86. 下列说法正确的有：(　　)（多选）

　　A. 甲与严重心脏病患者张三外出。甲明知张三的心脏病发作后如不及时吃救心丸就会死亡，但甲在张三的心脏病随时可能发作的情形下，盗窃了张三随身携带的进口救心丸（价值达到数额较大标准），导致张三在心脏病发作时，因为没有救心丸而死亡。甲仅实施了一个行为，但该行为既构成了盗窃罪，也构成了故意杀人罪，要从一重罪（故意杀人罪）论处

　　B. 法官乙明知王五犯故意伤害罪，但因为徇私情，故通过伪造证据等手段以故意杀人罪判处王五死刑，导致王五被执行死刑。乙的行为同时构成了徇私枉法罪与故意杀人罪（间接正犯），应以故意杀人罪论处

　　C. 王五是医生，知道患者每天都要喝酒，其明知患者没有生病，但故意给其开具抗生素，也不提醒患者吃了抗生素不能喝酒。患者服用抗生素后大量饮酒致身亡。王五的行为构成故意杀人罪

　　D. 丁经朋友多次请求，将其推入河中，帮助朋友完成自杀的心愿。丁的行为不构成故意杀人罪

　　[考 点] 故意杀人罪

87. 刘某等人从网上招募供体，供体均自愿签订捐献协议，同意圈养供体取肾。主刀医生每做一台取肾手术可获得报酬1万元左右。下列哪一说法是正确的？(　　)（单选）

A. 即使供体只有一个，刘某的行为也构成组织出卖人体器官罪

B. 主刀医生不构成犯罪

C. 若供体中有不满 18 周岁的未成年人，则无论刘某是否认识到对方的年龄，均构成故意伤害罪

D. 若刘某对供体谎称卖肾可得 10 万元，供体同意捐献肾脏，但后供体只获得 2 万元，则无论按照何种观点，刘某的行为都构成故意伤害罪

[考 点] 组织出卖人体器官罪

88. 下列说法正确的有：（　　）（多选）

A. 张三系中学老师，同时与 3 名 15 岁的女生谈恋爱，自愿发生性行为，导致一名女生怀孕，该女生跳楼自杀。后查明，其中一名女生实际只有 13 岁（张三并不知情）。这不属于强奸"造成其他严重后果"

B. 甲和 13 岁的幼女发生性行为，同时拍下视频并发到微信群进行炫耀。甲属于强奸罪的情节加重犯

C. 甲胁迫、诱骗 13 岁的未成年人通过网络视频聊天或者发送视频、照片等方式，暴露身体隐私部位。甲的行为构成猥亵儿童罪

D. 甲（男）对某成年男子实施性侵，造成被害人轻伤。甲的行为构成强制猥亵罪和故意伤害罪的想象竞合犯

[考 点] 强奸罪

89. 下列案件中，哪些死亡情节可以评价为结果加重犯？（　　）（多选）

A. 被害人因婚姻自由受到父亲暴力干涉后愤然自杀

B. 张三长期被他人非法拘禁于八楼住宅，其乘人不备从楼上爬下去，但不慎跌落

C. 李四被人肉搜索后，投河自尽

D. 赵五在聚众斗殴中致人死亡

[考 点] 自杀与结果加重犯

90. 下列说法正确的有：（　　）（多选）

A. 张三故意伤害他人，他只想将他人打成轻伤，但却导致了他人重伤，不成立故意伤害致人重伤

B. 乙实施绑架后交通肇事致人死亡，应当以绑架罪和交通肇事罪数罪并罚

C. 丙将自己刚刚出生的孩子卖给人贩子。丙的行为构成拐卖儿童罪

D. 犯下重大罪行的父母将亲生子女作为人质，以达到不被警察逮捕的目的，应认定为绑架罪

[考点] 绑架等犯罪

91. 张某是吸毒人员，毒瘾发作非常难受，但却没有钱购买毒品，此时正好有个孩子从张某身旁经过，张某便将孩子打晕，并将孩子放入麻袋之中捆好。之后，张某谎称麻袋中是一只小狗，卖给经营狗肉火锅的饭店老板刘某，获钱款 50 元。后刘某见麻袋中有动静，便指使饭店厨师李某（16 周岁）用扁担猛击麻袋，孩子发出微弱的哭声。李某对刘某笑称："狗居然会学人哭。"刘某也感到可笑。后刘某再次用扁担猛击，解开麻袋，才发现是个孩子，但孩子已经死亡，身上只有一处致命伤，无法判断是谁击打所致。下列说法错误的有：（　　）（多选）

A. 张某的行为不构成拐卖儿童罪

B. 刘某、李某不负刑事责任

C. 张某属于间接正犯

D. 刘某构成过失致人死亡罪

[考点] 拐卖妇女、儿童罪

92. 以下情形构成诬告陷害罪的有：（　　）（多选）

A. 甲知道自己的姐姐系病故，但因觊觎姐姐家产，遂向公安机关举报称姐姐系被姐夫长期家暴，服毒自杀

B. 乙在纪委向其调查李四涉嫌受贿的过程中多次虚构事实，夸大李四的受贿情节

C. 丙为把与自己竞争处长职位的 C 某搞垮，编造 C 某聚众吸毒的事实，并向公安机关的举报信箱投递材料

D. 王五盗窃了丁的手机，丁希望王五受到更重的惩罚，遂谎称自己是外籍人士，要求公安机关严惩王五的盗窃行为

[考点] 诬告陷害罪

93. 关于《刑法》分则条文的理解，下列哪些选项是正确的？（　　）（多选）

A. 《刑法》第 248 条第 1 款规定了虐待被监管人罪，第 2 款规定："监管人员指使被监管人殴打或者体罚虐待其他被监管人的，依照前款的规定处罚。"即使没有本条第 2 款的规定，对该行为也应认定为虐待被监管人罪

B. 《刑法》第 247 条前段规定了刑讯逼供罪与暴力取证罪，后段规定："致人伤残、死亡的，依照本法第 234 条、第 232 条的规定定罪从重处罚。"对此应理解为：只要刑讯逼供或者暴力取证行为致人死亡，且行为人对死亡结果有预见可能性，无论行为人主观上有无杀人的故意，都应认定为故意杀人罪

C. 《刑法》第 241 条第 3、4 款规定："收买被拐卖的妇女、儿童，非法剥夺、限制其人身自由或者有伤害、侮辱等犯罪行为的，依照本法的有关规定定罪处罚。收买被拐卖的妇女、儿童，并有第 2 款、第 3 款规定的犯罪行为的，依照数罪并罚的规定处罚。"即使没有这个规定，对于在收买被拐卖的妇女、儿童过程中，存在非法拘禁、故意伤害等行为的，也应数罪并罚

D. 根据《刑法》第 244 条第 2 款的规定，明知他人以暴力、威胁或者限制人身自由的方法强迫他人劳动，为其招募、运送人员或者有其他协助强迫他人劳动行为的，依照强迫劳动罪的规定处罚。即使他人最后没有强迫他人劳动，协助者也构成强迫劳动罪

[考点] 侵犯人身权利犯罪的适用

94. 下列说法正确的有：（　　）（多选）

A. 张三见到流浪的痴呆女赤身裸体，遂拍下对方的视频，发在网上。张三的行为构成侮辱罪

B. 李四将女同学的照片 PS 成裸照。这虽然属于虚构事实，但也构成侮辱罪

C. 某幼儿园职工多次用针扎儿童，并让儿童服用安眠药以避免儿童哭闹。该幼儿园职工的行为构成虐待罪

D. 王某得知姐姐未婚生子，怕影响姐姐前途，遂趁着姐姐睡着，将刚出生 5 天的婴儿抱走，扔到民政局门口。王某的行为构成遗弃罪

[考点] 侵犯人身权利犯罪的适用

95. 关于侵犯公民人身权利的犯罪，下列说法正确的是：（　　）（单选）

A. 疫情期间，志愿者甲在巡逻时盘问没有戴口罩的乙，乙出言不逊，甲对

其拳打脚踢，之后甲将乙行政拘留15天。甲的行为构成刑讯逼供罪

B. 某市民政局下属的孤儿院（国有事业单位）院长甲，为了给职工盖楼，将该孤儿院抚养的8名孤儿（8~12岁）以收养为名，卖给境外人士。甲的行为构成拐卖儿童罪

C. 乙（9岁）的继父甲长年以来经常酒后对乙进行殴打、体罚。某次，甲在殴打乙时，因遭乙反抗，遂用酒瓶使劲击打乙的头部，把乙打死。甲的行为构成虐待罪（致人死亡）

D. 医生甲经常将死者的眼角膜偷偷卖给中介组织谋取暴利。甲的行为构成组织出卖人体器官罪

[考点] 侵犯人身权利犯罪的适用

96.

《刑法》第253条之一第1、3款规定："违反国家有关规定，向他人出售或者提供公民个人信息，情节严重的，处3年以下有期徒刑或者拘役，并处或者单处罚金；情节特别严重的，处3年以上7年以下有期徒刑，并处罚金。……窃取或者以其他方法非法获取公民个人信息的，依照第1款的规定处罚。"关于此规定，下列哪些说法是错误的？（　　）（多选）

A. 如果外籍人士没有获得中国的永久居留证，那么向他人出售外籍人士的个人信息就不构成侵犯公民个人信息罪

B. 此处的"其他方法"应当和"窃取"具有等价值性，因此，骗取他人个人信息也构成此罪。但为了正常经营而购买他人的个人信息，无论获利多少，都不构成侵犯公民个人信息罪

C. 张三开发颜值测试软件，以此收集他人的人脸信息进行售卖。由于人脸具有公开性，且系他人自愿上传，因此，张三的行为不构成侵犯公民个人信息罪

D. 小贷公司要求借款人持身份证拍照，后将借款人的照片与身份证提供给A公司，A公司将这些信息提供给与公安部门关联的提供信息验证服务的B公司，B公司向A公司反馈借款人的姓名与身份证号是否匹配的结论，在匹配的情形下，同时提供该身份证号对应的身份证上的照片（该照片经过B公司打网格等特殊处理），由A公司将该照片与借款人提供的照片进行比对，确认是否为同一人。在上述过程中，A公司将核验结果为匹配的数据所对应的肖像照片私自加以存储，形成数据库。在其他小贷公司就相同借款人再次要求A公司验证身份的真实性时，A公司直

接从自己的数据库中调取数据进行核验比对,确定借款人身份的真实性。

A公司的行为构成侵犯公民个人信息罪

[考点] 侵犯公民个人信息罪

答案及解析

86. [考点] 故意杀人罪

[答案] ABC

[解析] A 正确。属于一行为触犯数罪名。

B 正确。也属于一行为触犯数罪名,通过判处死刑故意杀人是典型的"借刀杀人",乙属于间接正犯。

C 正确。王五主观上有剥夺生命的意图,客观上也创造了法律所禁止的危险,所以构成故意杀人罪。

D 错误。这是得到被害人同意的故意杀人,生命权不能承诺。

87. [考点] 组织出卖人体器官罪

[答案] A

[解析] A 正确,B 错误。刘某和主刀医生都构成组织出卖人体器官罪,即便被组织者只有一人,也构成本罪。

C 错误。如果不知道对方年龄,则不构成故意伤害罪。

D 错误。对价格的欺骗并非实质性欺骗,不否定同意,故刘某不构成故意伤害罪。

88. [考点] 强奸罪

[答案] ABCD

[解析] A 正确。张三构成负有照护职责人员性侵罪,不构成强奸罪,不属于强奸罪的加重情节。张三主观上想实施负有照护职责人员性侵罪,客观上实施了强奸罪,重罪和轻罪由于侵犯同类法益,在轻罪的范围内重合,因此张三构成负有照护职责人员性侵罪。

B 正确。《最高人民法院、最高人民检察院关于办理强奸、猥亵未成年人刑事案件适用法律若干问题的解释》第 2 条规定，强奸已满 14 周岁的未成年女性或者奸淫幼女，具有下列情形之一的，应当认定为《刑法》第 236 条第 3 款第 1 项规定的"强奸妇女、奸淫幼女情节恶劣"：①负有特殊职责的人员多次实施强奸、奸淫的；②有严重摧残、凌辱行为的；③非法拘禁或者利用毒品诱骗、控制被害人的；④多次利用其他未成年人诱骗、介绍、胁迫被害人的；⑤长期实施强奸、奸淫的；⑥奸淫精神发育迟滞的被害人致使怀孕的；⑦对强奸、奸淫过程或者被害人身体隐私部位制作视频、照片等影像资料，以此胁迫对被害人实施强奸、奸淫，或者致使影像资料向多人传播，暴露被害人身份的；⑧其他情节恶劣的情形。

C 正确。这种行为是司法解释规定的猥亵儿童的行为。《最高人民法院、最高人民检察院关于办理强奸、猥亵未成年人刑事案件适用法律若干问题的解释》第 9 条第 1 款规定，胁迫、诱骗未成年人通过网络视频聊天或者发送视频、照片等方式，暴露身体隐私部位或者实施淫秽行为，符合《刑法》第 237 条规定的，以强制猥亵罪或者猥亵儿童罪定罪处罚。

D 正确。强制猥亵罪的对象可以是男性。

89. [考点] 自杀与结果加重犯

[答案] AB

[解析] A 当选。A 中的自杀是高概率事件，属于结果加重犯。

B 当选。B 中的爬楼逃生具有通常性，属于非法拘禁致人死亡这种结果加重犯。

C 不当选。无论是侮辱还是诽谤，都无结果加重犯。

D 不当选。D 中转化为故意杀人罪。

90. [考点] 绑架等犯罪

[答案] BCD

[解析] A 错误。在故意伤害罪中，重伤是一种加重结果，无论对此加重结果是出于故意还是过失，都不影响结果加重犯的成立。

B 正确。杀害被绑架人或者故意伤害被绑架人，致人重伤、死亡的，处无期徒刑或者死刑，并处没收财产，不另定罪。《刑法修正案（九）》取消了绑架致人死亡这种结果加重犯，同时增加了故意伤害情节，因此导致绑架罪适用的一系列变化。如果是绑架行为本身致人死亡，则不再是结果加重犯，而可以按照绑架罪和过失致人死亡罪想象竞合，从一重罪论处。但绑架后实施其他过失犯罪（交通肇事）致人死亡的，则数罪并罚。

C正确。以非法获利为目的，出卖亲生子女的，应当以拐卖儿童罪论处。

D正确。犯下重大罪行的父母将亲生子女作为人质，以达到不被警察逮捕的目的，这属于人质型绑架。

91. [考点] 拐卖妇女、儿童罪

[答案] AD

[解析] A错误，C正确。张某以出卖为目的，成立拐卖儿童罪，同时属于故意杀人罪的间接正犯。

B正确，D错误。刘某、李某存在过失，但无法确认致命伤是谁造成的，由于共同过失没有共同犯罪，所以两人都不构成过失致人死亡罪。

本题为选非题，故答案为AD。

92. [考点] 诬告陷害罪

[答案] AC

[解析] A当选。这是虚构事实主动告发，虐待导致自杀可以构成虐待致人死亡，所以属于虚构他人犯罪事实。

B不当选。这并非主动告发。

C当选。聚众吸毒可能构成容留他人吸毒罪，属于犯罪，丙虚构并主动告发。

D不当选。夸大其实是被害人通常的举动，不构成诬告陷害罪。

93. [考点] 侵犯人身权利犯罪的适用

[答案] ABC

[解析] A正确。即便没有此规定，也可以共同犯罪论处。

B 正确。这属于特殊规定，即便对死亡结果是过失，也转化为故意杀人罪。

C 正确。这是典型的提示规定，数行为侵犯数法益就是应该数罪并罚。

D 错误。这是注意规定，即便不规定此条文，帮助他人强迫劳动也构成强迫劳动罪。因此，如果实行犯未强迫劳动，这种单纯的协助强迫行为是不构成强迫劳动罪的。

94.
[考点] 侵犯人身权利犯罪的适用

[答案] AB

[解析] A 正确。任何人都有人格尊严，痴呆女也有名誉权，所以张三构成侮辱罪。

B 正确。李四侵犯了他人的名誉权，情节严重，构成侮辱罪。裸体这个事实本身并不会导致社会评价降低，正如洗澡不是一件羞耻的事情，是因为裸体示众对他人造成了侮辱。

C 错误。《刑法修正案（九）》增加了虐待被监护、看护人罪。它是指对未成年人、老年人、患病的人、残疾人等负有监护、看护职责的人虐待被监护、看护的人，情节恶劣的行为。

D 错误。王某没有抚养义务，不构成遗弃罪。

95.
[考点] 侵犯人身权利犯罪的适用

[答案] B

[解析] A 错误。构成非法拘禁罪，甲并非司法工作人员。

B 正确。单位不构成拐卖儿童罪，但可以追究负责人的责任。

C 错误。构成故意杀人罪。

D 错误。组织出卖人体器官罪的对象必须是活体器官，而非死体器官。

96.
[考点] 侵犯公民个人信息罪

[答案] ABCD

[解析] A 错误。公民不包括单位。但根据《最高人民法院、最高人民检

察院关于办理侵犯公民个人信息刑事案件适用法律若干问题的解释》第1条的规定,"公民个人信息",是指以电子或者其他方式记录的能够单独或者与其他信息结合识别特定自然人身份或者反映特定自然人活动情况的各种信息。显然,自然人包括外国人和无国籍人。

B错误。《最高人民法院、最高人民检察院关于办理侵犯公民个人信息刑事案件适用法律若干问题的解释》第4条规定,违反国家有关规定,通过购买、收受、交换等方式获取公民个人信息,或者在履行职责、提供服务过程中收集公民个人信息的,属于《刑法》第253条之一第3款规定的"以其他方法非法获取公民个人信息"。根据《最高人民法院、最高人民检察院关于办理侵犯公民个人信息刑事案件适用法律若干问题的解释》第6条第1款第1项的规定,为合法经营活动而非法购买、收受本解释第5条第1款第3、4项规定以外的公民个人信息,且利用该信息获利5万元以上的,应当认定为《刑法》第253条之一规定的"情节严重"。

C错误。2022年12月26日,最高人民法院发布指导性案例192号,该案例的核心内容为利用"颜值检测"软件窃取的"人脸信息"是否属于刑法中的"公民个人信息"。此案明确了使用人脸识别技术处理的人脸信息以及基于人脸识别技术生成的人脸信息均具有高度的可识别性,属于刑法规定的"公民个人信息"。窃取或者以其他方法非法获取上述人脸信息,情节严重的,构成侵犯公民个人信息罪。

D错误。得到了公民同意的行为,不可能构成侵犯公民个人信息罪。

本题为选非题,故答案为ABCD。

第9讲 财产犯罪

专题 14 强制型财产犯罪

97. 下列说法正确的有：（　　）（多选）

A. 甲觊觎乙满嘴金牙多日，一日将乙灌醉后，将其金牙取走。甲的行为构成抢劫罪

B. 甲欠乙2万元装修款，甲为逃避支付而将乙杀害，其故意杀人的动机是逃避债务。如果认为财产性利益可以成为抢劫罪的对象，则甲的行为构成抢劫罪，对其可以适用没收财产的刑罚

C. 甲在乙的住宅内向乙的饮料内投放安眠药，打算2小时后进入乙的住宅取得财物。乙喝下安眠药后基于其他原因立即外出，甲再次进入无人在内的乙的住宅取走了财物。对此，只能对甲认定为抢劫未遂与盗窃罪，实行并罚

D. 用绳子套住被害人自行车后轮，趁被害人下车查看时，迅速拿走其放在自行车车筐中的提包的，不构成抢劫罪

[考　点] 抢劫罪

98. 关于入户抢劫，下列选项错误的有：（　　）（多选）

A. 甲假借租房骗李四进入其无人居住的待租房屋，将李四的手机抢走。甲的行为不属于入户抢劫

B. 包某为了打消其妻陈女外出打工的念头，找到程某，唆使程某找人将陈女的手指剁下两根或者将陈女的耳朵割下一只，并将陈女带回的值钱物品抢走以防止引起陈女的怀疑，同时许诺以抢走的钱物作为程某的报酬。

程某于次日凌晨1时许，在包家院墙上挖开一洞，进入包某与陈女居住的卧室。程某抢得陈女财物1000元，又用其携带的杀猪刀将陈女的耳朵上部割下（重伤），随即逃离现场。程某的行为属于入户抢劫

C. 张某与被害人甲系朋友关系，甲来京鉴定文物，受邀暂住张某家。张某伙同三人在甲所住房间内，对甲进行殴打并抢走其藏传佛教唐卡一轴（经鉴定价值人民币6500元）。张某的行为属于入户抢劫

D. 甲、乙预谋取财，由甲将被害人展某家的玻璃砸碎，展某跑出户外，乙遂进入展某家，获取财物2万元。甲、乙的行为属于入户抢劫

[考点] 入户抢劫

99. 下列说法正确的有：（   ）（多选）

A. 甲在李四家盗窃，被李四发现，甲急忙逃离李四家，李四紧追不舍。王五和李四有仇，在李四跑过时，故意伸出一段树枝将李四绊倒，甲遂逃离现场。如果王五知道甲是盗窃犯罪分子，则其属于抢劫罪的帮助犯

B. 甲在公交车上窃取他人随身财物，被害人发现后，甲随手将被害人打成轻伤。甲的行为属于抢劫罪的加重犯

C. 17周岁的甲与13周岁的乙共谋盗窃，甲入室行窃，乙在门外望风，被他人发现后，甲、乙为抗拒抓捕而当场实施暴力，乙的行为致人重伤。甲与乙属于事后抢劫的共同犯罪，甲应对重伤结果负责，乙不承担刑事责任

D. 甲在公园散步时捡到李四的手机（价值1万元），李四通过公园监控发现了这一切，于次日找到继续在公园散步的甲，让甲还回手机。甲逃跑，李四扯住甲的衣服，甲拼命拉扯，李四摔倒在地。经鉴定，李四为轻伤。甲的行为构成抢劫罪

[考点] 抢劫罪

100. 下列说法正确的有：（   ）（多选）

A. 甲在乙家中行窃，乙突然醒来，但乙非常害怕，装作睡着了，甲对此一无所知，获取大量财物后离开乙家。甲的行为构成抢劫罪

B. 甲为图财将李四杀死，将其钱包拿走，并放火毁尸灭迹，差点把邻居的房子烧毁，后查明李四是被烧成重伤的。甲的行为属于抢劫罪的加重犯

C. 甲欲抢夺丙的财物，让乙手持凶器与自己同行，如果丙反抗，则使用乙手中的凶器。即使由甲亲手抢夺丙的财物，也不应认定甲的行为属于携带凶器抢夺

D. 甲在丙家盗窃了财物，刚出门时遇到乙，甲以为乙是失主，为抗拒抓捕对乙实施暴力。即使乙不是失主，没有认识到甲的盗窃行为，也没有抓捕甲的想法与行为，对甲的行为也应认定为抢劫

[考 点] 抢劫罪

101. 下列哪一说法是正确的？（　　）（单选）

A. 甲对他人谎称感染艾滋病，让他人给自己5000块钱，否则就咬对方。甲的行为不构成敲诈勒索罪

B. 甲与有妇之夫王某通奸后怀孕，甲以孩子为要挟，要求王某支付30万元抚养费，否则就告诉王某之妻。甲的行为构成敲诈勒索罪

C. 甲78岁，经常假装摔倒，在2年内多次讹诈帮助者，共获款2000元。因为甲已满75周岁，所以不构成敲诈勒索罪

D. 甲打电话给李四，告知其若不给付酬金3万元，就要将其不轨之事告诉其妻及纪委，但电话串线至王五处，王五也有此阴私，故将酬金汇给甲。这属于打击错误，甲的行为构成敲诈勒索罪

[考 点] 敲诈勒索罪

102. 下列说法正确的有：（　　）（多选）

A. 被害人王某坐出租车回家，下车拿行李时，手机无意间从口袋中滑落，司机甲从反光镜中看见王某的手机掉在出租车后座上，但并未声张。王某取下行李后关上车门，刚往前走了1米，突然想起手机可能忘在车上了，转身回去找，发现甲早已开着出租车快速驶离现场。甲的行为应该在盗窃罪和抢夺罪中择一适用

B. 甲手持小竹竿，伺机夺取他人财物。看见张三手握钱包在路上行走，甲突然用竹竿轻轻敲打张三的手背，张三本能的反应导致其钱包掉在地上。甲拾起钱包后迅速逃离，钱包内有5000元现金。甲的行为构成抢夺罪

C. 甲是学生家长，将其他家长在班级微信群中为学生们交的生活费等共计4000多元领取后，立马退群。甲的行为不构成诈骗罪

D. 吸毒者张三用微信将毒资转给吸毒者李四，让李四代购毒品，但李四此时手中刚好有用于自己吸食的毒品，于是打算将其中的部分毒品直接交付给张三。李四的行为构成侵占罪

[考点] 财产犯罪的辨析

专题 15 平和型财产犯罪

103. 刘某在淘宝上购物，次日接到王某电话，对方自称是淘宝店铺的客服，准确核对了她的购买交易记录及个人信息，随后告诉刘某，因为淘宝网支付系统在交易时出了点小问题，目前交易资金已经被冻结，希望刘某申请退款，退款成功后再重新交易。刘某加了对方微信，扫描了对方发来的二维码，按提示分别提供了个人姓名、银行账号和密码等信息，并将手机收到的验证码（实为银行取款验证码）也告诉了对方。直到对方称"退款已成功"，刘某才挂断了电话。后刘某发现存款 1 万元莫名"蒸发"了，而这笔钱的支出时间正是"客服"王某帮她申请退款的时间。王某的行为构成何罪？（　　）（单选）

A. 盗窃罪
B. 诈骗罪
C. 信用卡诈骗罪
D. 侵占罪

[考点] 财产犯罪的辨析

104. 下列说法正确的有：（　　）（多选）

A. 甲将庭院中的石头卖给乙，乙对甲说次日请工人运走石头。丙得知此事后，装成乙雇请的工人来运石头。甲看到丙运石头，以为是乙雇请的工人，便予以默认。丙的行为构成诈骗罪

B. 乙系微商，用合格的医疗普通口罩（无法阻挡细微病毒传播）冒充医疗外科口罩（可以阻挡细微病毒传播）卖给他人，获利数十万元。乙的行为构成诈骗罪

C. 张三得知他人利用银行卡转移赃款，遂假意出借自己的银行卡给他人使用。待电信诈骗得款 12 000 元转入其提供的银行卡后，张三即将该款项取现，用于个人消费，并向他人谎称银行卡被冻结无法取现。张三的行为构成诈骗罪

D. 甲入室盗窃乙家价值4000元的彩电一台，刚出门就被乙妻发现。乙妻认识甲，问甲为何搬走她家的彩电，甲谎称乙欠他4000元未还。乙妻说："如果乙欠了钱，等乙回来说清楚，为什么搬走彩电呢？"甲不理睬，当着乙妻的面将彩电搬走。甲的行为不构成诈骗罪

[考点] 财产犯罪的辨析

105. 甲在面馆吃饭的时候付款过一两次，后来将之前的付款截图保存了下来，每当再次来到该面馆吃饭时，就出示以前的截图。利用此方法，甲在面馆吃霸王餐长达半年。证据显示，甲在该面馆消费60余次，每份面至少10元。下列说法正确的有：（　　）（多选）

A. 由于没有证据证明达到了数额较大的标准，因此甲不构成诈骗罪

B. 如果甲被店主发现，店主让其赔偿损失，甲将店主打成轻伤，则不可以转化为抢劫罪

C. 由于财物损失不好确定，因此对甲应当以盗窃罪和诈骗罪从一重罪论处

D. 如果甲将此吃饭不要钱的方法告诉他人，他人消费数额较大，则甲还构成传授犯罪方法罪

[考点] 盗窃罪与诈骗罪的区分

106. 下列说法正确的有：（　　）（多选）

A. 杨某看到室内球场上有一个名贵的篮球，对旁边的李四说该球是自己的，可以卖给李四，李四一看是限量版的篮球，遂以5000元购买。杨某将篮球卖掉的行为至少构成盗窃罪

B. 吴某欺骗李四说自己的哥哥是黑社会老大，让李四给其财物，否则就要教训李四，李四害怕，给其3000元现金。吴某的行为构成诈骗罪和敲诈勒索罪的想象竞合

C. 洪某在QQ群发布"可办工行贷款"的虚假信息，周某看到信息后与洪某联系，提供其表哥李某某的身份信息及照片。洪某以李某某的名义在某第三方支付网站注册账户，要求周某以李某某的名义办理银行卡，并从周某处骗得卡号及密码。后洪某谎称已经放贷，需要银行流水，让周某往卡内存款7000元。洪某将该款转入某第三方支付网站账户后即转入自己的银行卡内。因为周某自愿向洪某交付财物，所以无论如何洪某都构成诈骗罪

D. 甲因投资失败，急需用钱，遂利用岳父岳母疼爱外孙的心理，假称孩子被绑架，要求赎金20万元。岳父岳母无奈，将20万元交与甲，让其交与"绑匪"，并嘱咐其不要报警。甲的行为构成诈骗罪

[考点] 财产犯罪的辨析

107. 甲看到一辆电动自行车（车主在附近上厕所），以为是在自行车旁边抽烟的乙之车，于是将乙打伤，将车骑走，但此车与乙没有任何关系。下列说法正确的有：（　　）（多选）

A. 这是对象错误　　　　　　B. 这构成抢劫罪的既遂
C. 这构成抢夺罪　　　　　　D. 这是抽象事实认识错误

[考点] 财产犯罪的辨析

108. 下列说法错误的有：（　　）（多选）

A. 甲为了公司利益将公司的款项借给他人，数额巨大，超过3个月未能归还。甲的行为不构成挪用资金罪

B. 开发商甲（无施工资质）拖欠多名农民工工资20余万元，其以转移财产、逃匿等方法逃避支付农民工的劳动报酬或者有能力支付而不支付农民工的劳动报酬，经政府有关部门责令支付仍不支付，但尚未造成严重后果，并在提起公诉前支付了农民工的劳动报酬，依法承担了相应的赔偿责任。甲的行为不构成拒不支付劳动报酬罪

C. 甲发现盗得的汽车质量有问题而将汽车推下山崖。甲的行为构成盗窃罪与故意毁坏财物罪，应当实行数罪并罚

D. 仇某利用本人身份证办理了一张可以透支的银行贷记卡出借给牟某使用，每月收取租金2000元。同年6月下旬，牟某在银行ATM机上使用时因操作不慎、遗忘密码导致该卡被吞。由于牟某不是贷记卡的合法所有人，无法凭自己的身份证材料取回贷记卡，因此，牟某及时将此情况通知了仇某，要其到银行领取该卡交还给自己，并告知其卡内存有的30万元资金千万不能动用。仇某得知这一情况后，产生了侵吞卡内钱款的意图，于是与人密谋后通过银行办理了挂失，补办了新卡，将卡内30万元取出后占为己有。无论如何，仇某的行为都不构成诈骗罪

[考点] 财产犯罪的辨析

109. 下列说法正确的是：（　　）（单选）

案例1：甲去商场购买西服，其将两件分别标有1000元、10 000元的西服的价格标签进行调换，仅付款1000元就买走了实际价格为10 000元的西服，售货员并没有发现甲调换价格标签的行为。

案例2：乙去商场购买西服，在一件西服里面偷塞了一件同价格的西服，仅付款一件西服的价格就买走了两件西服，售货员并没有发现乙偷塞西服的行为。

案例3：丙在方便面箱子中塞入一台价值8000元的照相机，以买方便面的价格购买了照相机。

案例4：丁在超市结账的时候，用广告宣传单遮挡部分商品，收银员没有发现，这部分商品没有结账即被带出超市，数额较大。

观点1：诈骗罪的处分意识只要求是概括的、抽象的处分意识。

观点2：诈骗罪的处分意识要求是严格的处分意识，即被害人必须对财物有较为具体的认识。

①观点1得出案例1是诈骗；②观点2得出案例2是盗窃；③观点1得出案例3是盗窃；④观点2得出案例4是诈骗。

A. ①②③④　　　　　　　　B. ①②③
C. ①③④　　　　　　　　　D. ②③④

[考点] 诈骗罪中的处分意思

110. 下列构成诈骗罪的有：（　　）（多选）

A. 张三谎称自己的杂种藏獒是纯种藏獒，以20万元的价格售卖给他人

B. 在募捐过程中，过路人一般捐赠1元，但行为人为了获得更多的募捐款而向过路人谎称，从募捐开始以来，所有过路人都捐赠了100元以上的现金。过路人遂纷纷解囊相助

C. 甲（女）请朋友乙将被依法逮捕的丈夫"捞出来"，并给乙30万元现金，既没有言明是给乙的酬谢，也没有言明是让乙转交给相关国家工作人员的贿赂。后乙将30万元据为己有

D. 李四以赌石为名，利用微信进行虚假宣传，诱骗被害人购买翡翠原石。被害人购买后，李四未如实切割，而是谎称买到了更好的玉石，引诱被害人继续投资购买。当被害人要求发货时，李四以次充好发送低质

量的翡翠玉石，骗取钱款共计250万余元

[考点] 诈骗罪

答案及解析

97. [考点] 抢劫罪

[答案] ABCD

[解析] A 正确。金牙可与身体分离，属于财物，故构成抢劫罪。

B 正确。对于杀人免债行为，应当如何处理？直接将债权人杀死，以期免除其债务的，通说认为，这构成故意杀人罪。当然，对他人财物有拒不归还行为的，还同时构成侵占罪。但是，也有观点认为，既然抢劫的对象可以包括财产性利益，那么这种行为可以直接构成抢劫罪。如果构成抢劫罪，就可以适用没收财产这种财产刑。这在2016年曾经作为开放性试题考查。

C 正确。强制手段与取财无因果关系，属于两个行为。

D 正确。这是对物的暴力，构成抢夺罪。

98. [考点] 入户抢劫

[答案] CD

[解析] A 正确。这没有侵害李四的住宅安宁权，李四并未居住于此处。

B 正确。针对陈女，程某的行为属于入户抢劫。

C 错误。相当于在宾馆抢劫，不属于入户抢劫。

D 错误。没有在户内抢劫。

本题为选非题，故答案为CD。

99. [考点] 抢劫罪

[答案] BC

[解析] A 错误。即便王五知道甲是盗窃犯罪分子，其也不构成抢劫罪的帮助犯。因为实行犯并无转化型抢劫的行为，所以帮助犯不可能单独成立。王五的行为构成窝藏罪。

B 正确。这属于在公共交通工具上盗窃（扒窃）转化为在公共交通工具上抢劫。

C 正确。按照不法共犯论，甲、乙成立抢劫罪的共犯，但乙出现了责任阻却事由。

D 错误。甲并未实施盗窃行为，其前行为属于侵占，所以不能转化为抢劫罪。

100. [考 点] 抢劫罪

[答 案] BD

[解 析] A 错误。主观上只有盗窃的罪过，客观上是抢劫，在盗窃的范围内主客观统一，构成盗窃罪。

B 正确。因果关系的认识错误不影响故意，甲成立抢劫致人重伤的加重犯。

C 错误。携带包括间接携带。

D 正确。目的要素是主观超过要素。《刑法》中的目的犯，目的并不需要实际实现。在转化型抢劫罪中，如果行为人有抗拒抓捕等目的，但此目的没有实现，如误将与案件无关的第三人当成抓捕者而将其打伤，则不影响抢劫罪的成立。

101. [考 点] 敲诈勒索罪

[答 案] A

[解 析] A 正确。甲的行为足以压制一般人的反抗，构成抢劫罪，不构成敲诈勒索罪。

B 错误。甲属于合理行使权利，不构成敲诈勒索罪。

C 错误。甲属于多次敲诈，不能因为年老而认为此行为不构成犯罪。该行为构成敲诈勒索罪。

D 错误。这是对象错误。

102. [考 点] 财产犯罪的辨析

[答 案] BC

[解 析] A 错误。从司机的角度来说，他是在秘密窃取，不是公然夺取，

也不是暴力犯罪，只能认定为盗窃罪。

B 正确。甲构成抢夺罪，因为这是暴力取财，但该暴力并未有直接致人伤亡的可能，所以不构成抢劫罪。

C 正确。如果按照公然说，甲构成抢夺罪；如果按照平和说，甲构成盗窃罪。但无论如何都不构成诈骗罪。

D 错误。被害人张三并未遭受财物损失，故李四不构成财产犯罪。

103. [考 点]财产犯罪的辨析

[答 案]C

[解 析]C 当选。根据相关司法解释的规定，窃取、收买、骗取或者以其他非法方式获取他人信用卡信息资料，并通过互联网、通讯终端等使用的，构成信用卡诈骗罪。本案属于骗取他人信用卡信息，并通过网上银行取款，构成信用卡诈骗罪。

104. [考 点]财产犯罪的辨析

[答 案]ABCD

[解 析]A 正确。被害人甲自愿交付财物，有默认的处分行为。

B 正确。被害人陷入认识错误，医疗普通口罩和医疗外科口罩有本质性区别。

C 正确。张三在占有财物之前就有了占有的意思，让他人陷入认识错误，构成诈骗罪。

D 正确。盗窃罪已经既遂。当盗窃罪既遂之后，事后的欺骗行为无需评价。

105. [考 点]盗窃罪与诈骗罪的区分

[答 案]AD

[解 析]A 正确，C 错误。本案中，面馆老板属于认识错误所导致的自愿处分，甲的行为是诈骗行为，如果没有证据证明消费数额达到了数额较大的标准，则甲的行为不构成诈骗罪，也不可能构成盗窃罪。

B 错误。《最高人民法院关于审理抢劫、抢夺刑事案件适用法律若干问题的意见》第 5 条规定，行为人实施盗窃、诈骗、抢夺行为，未达到"数额较大",为窝藏赃物、抗拒抓捕或者毁灭罪证当场使用暴力或者以暴力相威胁,情节较轻、危害不大的,一般不以犯罪论处;但具有下列情节之一的,可依照《刑法》第269条的规定,以抢劫罪定罪处罚:①盗窃、诈骗、抢夺接近"数额较大"标准的;②入户或在公共交通工具上盗窃、诈骗、抢夺后在户外或交通工具外实施上述行为的;③使用暴力致人轻微伤以上后果的;④使用凶器或以凶器相威胁的;⑤具有其他严重情节的。由于甲导致他人轻伤,因此可以转为抢劫罪。

D 正确。甲传授的方法让他人符合了诈骗罪的构成要件,甲的行为还构成传授犯罪方法罪。

106. [考点]财产犯罪的辨析

[答案] AD

[解析] A 正确。如果认为买球人有财物损失,那么就对其构成诈骗罪,同时对球的主人至少构成盗窃罪。

B 错误。欺骗与处分没有因果关系。

C 错误。周某并非自愿交付财物,他以为存入的是自己所控制的银行卡,因此洪某的行为构成盗窃罪。

D 正确。甲使用欺骗的方法让对方被骗。行为人仅实施欺骗行为,使被害人陷入认识错误并产生恐惧心理的,只能定诈骗罪。

107. [考点]财产犯罪的辨析

[答案] AD

[解析] AD 正确,BC 错误。主观上想抢劫,但客观上实施的是盗窃,属于跨构成要件,也即抽象事实认识错误中的对象错误,不构成抢劫罪的既遂。

108. [考点]财产犯罪的辨析

[答案] BCD

[解析] A 正确。构成挪用资金罪必须是为谋取个人利益,谋取单位利益的不构成挪用资金罪。

B 错误。行为人拒不支付劳动报酬，尚未造成严重后果，在提起公诉前支付劳动者的劳动报酬，并依法承担相应赔偿责任的，可以减轻或者免除处罚。B 中说不构成犯罪，是错误的。

C 错误。甲故意毁坏财物属于不可罚之事后行为。

D 错误。如果认为银行占有了财物，则是可以构成诈骗罪的。

本题为选非题，故答案为 BCD。

109. [考 点] 诈骗罪中的处分意思

[答 案] B

[解 析] B 正确。按照观点 2 中的具体处分说，只有对标的物的数量、质量有明确认识，才认为是自愿处分，故案例 1、2、3、4 都是盗窃；但按照观点 1 中的抽象处分说，案例 1、2 是诈骗，案例 3、4 是盗窃。无论按照何种观点，案例 4 都是盗窃，因为收银员没有对被遮挡商品的处分意思。

110. [考 点] 诈骗罪

[答 案] AD

[解 析] A 当选。这属于虚构事实让他人陷入认识错误而购买了并非纯种的藏獒。

B 不当选。过路人属于自愿捐助。

C 不当选。乙在占有财物之前没有非法占有的意图，不可能构成诈骗罪。

D 当选。赌石的本质是射幸而非做局，这是典型的做局诈骗。

第10讲 贪污贿赂犯罪和其他

专题 16 妨害社会管理秩序罪

111. 下列说法正确的是：（　　）（单选）

A. 张三猎捕熊猫，遇到森林警察，遂将警车玻璃砸烂。张三的行为构成危害珍贵、濒危野生动物罪和袭警罪，应当数罪并罚

B. 李四催收基于高利放贷等非法行为产生的合法本息，在情节严重的前提下也不可能构成催收非法债务罪

C. 王五枪杀他人后，把没有子弹的两支枪包好放在乙家，乙不知道是枪支。王五被采取强制措施后从看守所传话给乙："把我放在你家里的两条烟放到我的鱼屋。"乙从家里取出时发现是两支枪，吓坏了，正在想该如何处理时，警察破门而入将乙抓获。乙的行为不构成非法持有枪支罪

D. 张三因为失恋准备跳楼自杀，在警察前往解救的过程中不停地挣扎，导致警察受轻微伤。张三的行为构成袭警罪

[考点] 扰乱公共秩序罪

112. 下列说法正确的有：（　　）（多选）

A. 王某利用技术手段进入某大学学生信息中心获取该大学所有在校学生的信息，将其以每条1元钱的价格卖给某培训机构，获款3万元。王某的行为构成非法获取计算机信息系统数据罪和侵犯公民个人信息罪

B. 张某为了诈骗他人，利用信息网络提供信息的链接、截屏、二维码指引访问服务。张某的行为如果情节严重，可以构成非法利用信息网络罪；如果获取了数额较大的财物，还构成诈骗罪，应当从一重罪论处

C. 甲在其开设的淘宝店铺中出租上海铁通等固定电话号码，在明知有的租用者从事诈骗等违法犯罪的情况下，为牟利，仍提供了呼叫转接（固定电话绑定指定手机号码）及充值话费等通讯服务。甲的行为构成帮助信息网络犯罪活动罪和诈骗罪的帮助犯

D. 甲到法院提起诉讼，要求乙偿还"借款"12万元，并向法院提供了盖有乙的印章、指纹的借据及附件，后法院判决乙向甲偿还"借款"12万元。经乙申诉后查明，上述借据及附件均系甲伪造，乙根本没有向甲借款。甲的行为构成虚假诉讼罪和诈骗罪，应当从一重罪论处

[考点] 计算机犯罪

113. 下列说法正确的有：（　　）（多选）

A. 甲与乙共同实施故意杀人行为，且在乙被捕之后，甲将乙使用的凶器扔到河中。甲的行为不构成帮助毁灭、伪造证据罪

B. 刑事案件中的辩护人指使证人作伪证的，成立伪证罪的教唆犯

C. 陈某收到"张喜东"的微信，对方声称需要银行卡等用于博彩网站，陈某便将其名下的2张银行卡及配套U盾、绑定的电话卡出售给对方。但是对方后来并非将银行卡等用于博彩网站，而是用于电信网络诈骗。陈某的行为构成帮助信息网络犯罪活动罪

D. 甲在研究生入学考试中组织多名"枪手"代考，在考试开始之前被查获，从"枪手"处搜出大量考试作弊器材，严重扰乱考场纪律。"枪手"的行为不构成冒名顶替罪，甲的行为应认定为组织考试作弊罪既遂

[考点] 妨害司法罪

114. 下列说法正确的是：（　　）（单选）

A. 为牟取非法利益，李某在没有医师资格证的情况下，凭着一台B超机为多名孕妇非法进行胎儿性别鉴定。李某的行为构成非法经营罪

B. 被判处有期徒刑的犯罪分子组织多人有计划地从羁押场所秘密逃跑，构成脱逃罪

C. 甲盗窃了国家禁止出口的文物后，又将该文物赠送给外国人。甲的行为构成盗窃罪和非法向外国人赠送珍贵文物罪，应数罪并罚

D. 同一车间的2套以上生产设备（如2个以上转鼓、电镀槽）分属甲、乙两个业主所有，但共用1个外排口。现不能证明其中哪一套生产设

备的排污行为造成了严重污染环境的后果，但能证明2套生产设备的排污行为造成了严重污染环境的后果。如果无法证明甲、乙存在共同故意，那么两人的行为都不构成污染环境罪

[考点] 妨害社会管理秩序罪的适用

115. 下列说法正确的有：（　　）（多选）

A. 甲为他人代购仅用于吸食的毒品（数量较大），在交通、食宿等必要开销之外收取"介绍费""劳务费"。甲的行为构成贩卖毒品罪

B. 乙为制造毒品，购买了大量机器设备和原料，同时已经投入生产，但制造出的是粗制毒品或者半成品。乙成立制造毒品罪既遂

C. 丙在网上雇佣多人帮助他人骂人。即便骂人行为没有达到侮辱罪的立案标准，丙的行为也构成帮助信息网络犯罪活动罪

D. 丁组织妇女卖淫，同时知道妇女和嫖客在卖淫场所吸毒。丁的行为构成组织卖淫罪和容留他人吸毒罪，应当数罪并罚

[考点] 毒品犯罪

专题 17　贪腐渎职犯罪

116. 关于贪污罪的认定，下列说法正确的是：（　　）（单选）

A. 甲受某国有企业的委托，在承包经营该企业期间，利用职务上的便利，将厂里价值10万元的建材低价贱卖，所得款项据为己有。甲的行为构成贪污罪

B. 乙为某国有公司总经理，其利用职务便利，将该公司合同诈骗所得款项据为己有。乙的行为构成职务侵占罪

C. 丙为国有企业工作人员，在经济往来中经常收受回扣。丙的行为构成贪污罪

D. 丁为国有公司会计，某日，丁外出向其他单位催讨欠款，收到30万元现金后产生非法占有的目的，便直接携款逃至外地。由于丁携款潜逃的行为并不需要利用职务上的便利，因此不构成贪污罪

[考点] 贪污罪

117. 关于挪用公款罪，下列说法错误的有：（   ）（多选）

   A. 甲挪用公款3.5万元进行营利活动，又挪用公款4万元进行其他活动，且均超过3个月未还。对此，应认定甲挪用公款7.5万元进行其他活动

   B. 乙利用职务便利，挪用国有独资公司电解铜予以变卖，将所得款项归个人使用，数额较大，5个月后归还。乙的行为属于挪用公物，不构成挪用公款罪

   C. 国有银行副行长丙受朋友的指使，一起策划挪用了公款100万元，事后，丙收受了10万元感谢费。对丙应以挪用公款罪和受贿罪数罪并罚

   D. 李四唆使国家工作人员丁挪用公款供其炒股，丁同意，将公款100万元提供给李四，但李四其实是用此款贩毒。丁的行为不构成挪用公款罪

   [考 点] 挪用公款罪

118. 关于受贿犯罪，下列哪一选项是正确的？（   ）（单选）

   A. 张三在某公立学校承包工程，工程按质按量完工后，该学校一直拖欠工程款。张三遂送给甲（教育局局长）5万元，请求甲帮忙。甲于是让校长乙帮忙解决，乙将工程款付给张三。甲的行为构成受贿罪，张三的行为构成行贿罪

   B. 李四是离退休人员，组织部长是其在位期间所提拔上来的干部，王五想谋取官职，给李四100万元，让其帮忙，李四点了点头，但从未想过找组织部长帮忙。李四的行为不构成利用影响力受贿罪

   C. 甲为了生产、销售伪劣产品而向市场监督管理部门的国家工作人员行贿。这并非行贿罪的法定从重处罚情节

   D. 某路桥建设公司为了在高速公路投标中中标，找到招投标小组负责人（某机关领导）甲，让甲帮忙。1年后，甲退休，乙（某路桥建设公司主要负责人）送给甲一套住房。无论甲在职期间双方是否有给付财物的约定，甲的行为都构成受贿罪

   [考 点] 受贿罪

119. 关于贿赂犯罪，下列说法错误的是：（   ）（单选）

   A. 甲为某监狱领导，监狱暖气设备供暖不足，但由于经费紧张，无钱大修。后服刑人员张某托人找到甲，希望帮助监狱无偿改进暖气设备，甲表示同意。于是张某出资30万元帮监狱改造暖气设备。后该监狱决

定对张某以重大立功为由向法院申请减刑。甲的行为不构成受贿罪，张某的行为构成行贿罪

B. 王某是某市交通局局长的女儿，某建筑公司（不具有建设隧道的资质）老板张某是王某的老同学。张某找到王某，希望王某向其父亲说说情，把某隧道工程发包给自己，并给了王某50万元。王某向父亲说了此事，但没有提及收钱的事。王某的父亲看在女儿的情面上，就利用自己的职务之便，将工程发包给了张某。不管王某的父亲对王某收受财物是否知情，张某给予王某财物的行为都构成犯罪

C. 丙为了使儿子能够在高考中被优先录取，便找到省考试院领导张三的妻子李四，让其给予必要帮助，李四以为张三知道此事，遂收下了财物，但张三并不知情。丙的行为构成行贿罪，李四的行为不构成利用影响力受贿罪

D. 某企业原本应当获得国家财政的某项补贴，但企业负责人甲不知情，于是以"谋取不正当补贴"的目的向有关国家机关负责人乙提出要求，并送给乙5万元现金。乙随后发现，甲的企业完全符合获得国家财政补贴的条件。甲的行为不构成行贿罪，但乙的行为依然构成受贿罪

[考 点] 贿赂犯罪

120. 下列说法正确的有：（　　）（多选）

A. 甲想缓刑，让律师想办法，律师向法官行贿10万元，希望法官行个方便，法官违反规定判决甲缓刑。法官的行为构成受贿罪和徇私枉法罪，从一重罪论处

B. 警察乙明知他人构成走私罪，但徇私舞弊，放纵走私，情节严重。乙的行为构成放纵走私罪

C. 甲想缓刑，让律师想办法，律师找到朋友王某，给了王某10万元，王某和法官是大学同学，王某希望法官行个方便，法官违反规定判决甲缓刑。王某的行为构成利用影响力受贿罪和徇私枉法罪的教唆犯，应当数罪并罚

D. 负有环境保护监督管理职责的国家机关工作人员严重不负责任，导致发生重大环境污染事故，致使公私财产遭受重大损失或者造成人身伤亡的严重后果。该工作人员的行为不构成玩忽职守罪

[考 点] 渎职犯罪

答案及解析

111. [考点] 扰乱公共秩序罪

[答案] C

[解析] A 错误。袭警罪的暴力袭击对象是警察本身，而不是物或者第三人，因此，即使对物的暴力或者对第三人的暴力对警察产生了影响力，但没有直接作用于警察本身的，不能评价为暴力袭击。但此行为可能构成妨害公务罪，应当和危害珍贵、濒危野生动物罪数罪并罚。

B 错误。催收基于高利放贷等非法行为产生的合法本息可以解释为"催收高利放贷等产生的非法债务"，在情节严重的情形下成立犯罪。

C 正确。乙的行为对不特定或者多数人的生命、身体没有产生抽象危险，故不应认定为非法持有枪支罪。

D 错误。袭警罪中的"暴力袭击"应当理解为主动与警察对抗，以暴力方式攻击警察。对于那些为摆脱警察强行控制而实施的挣扎性、反抗性行为，虽与民警有肢体冲突甚至轻微抓伤、咬伤民警，也不应认定为袭警罪。

112. [考点] 计算机犯罪

[答案] ABCD

[解析] A 正确。《刑法》规定了非法侵入计算机信息系统罪，这是指违反国家规定，侵入国家事务、国防建设、尖端科学技术领域的计算机信息系统的行为。同时，非法获取计算机信息系统数据罪，是指违反国家规定，侵入前述规定以外的计算机信息系统或者采用其他技术手段，获取该计算机信息系统中存储、处理或者传输的数据，情节严重的行为。

B 正确。为实施诈骗等违法犯罪活动发布信息，情节严重的，构成非法利用信息网络罪。根据相关司法解释的规定，利用信息网络提供信息的链接、截屏、二维码、访问账号密码及其他指引访问服务的，属于此处的"发布信息"。同时构成其他犯罪的，依照处罚较重的规定定罪处罚。

C 正确。这是典型的帮助信息网络犯罪活动行为，同时构成诈骗罪的帮助犯，应当从一重罪论处。

D 正确。甲构成虚假诉讼罪和诈骗罪，应当从一重罪论处。

113. [考点] 妨害司法罪

[答案] ACD

[解析] A 正确。共犯不构成帮助毁灭、伪造证据罪。

B 错误。构成辩护人妨害作证罪。

C 正确。由于陈某主观上认识到他人可能实施电信网络诈骗犯罪活动，客观上也实施了帮助行为，故构成帮助信息网络犯罪活动罪。

D 正确。组织考试作弊，在考试开始之前被查获，但已经非法获取考试试题、答案或者具有其他严重扰乱考试秩序情形的，应当认定为组织考试作弊罪既遂。盗用、冒用他人身份，顶替他人取得的高等学历教育入学资格、公务员录用资格、就业安置待遇的，才是冒名顶替。"枪手"的行为构成代替考试罪。

114. [考点] 妨害社会管理秩序罪的适用

[答案] C

[解析] A 错误。这属于非法行医行为，构成非法行医罪，是职业犯。

B 错误。构成组织越狱罪。

C 正确。符合罪行认定，并应数罪并罚。

D 错误。在双方都明知对方违法排污的情况下，属于共同犯罪，对双方均应以污染环境罪论处；在双方不明知对方违法排污的情况下，属于重叠的因果关系，双方的行为与严重污染环境的后果之间均存在合法则的因果关系，而且应当将后果归属于双方的行为，故对双方均应以污染环境罪论处。

115. [考点] 毒品犯罪

[答案] ABD

[解析] AB 正确。均符合《全国部分法院审理毒品犯罪案件工作座谈会

纪要》的规定。

C 错误。帮助信息网络犯罪活动罪必须是对犯罪行为的帮助，而非对违法行为的帮助。

D 正确。这是典型的数行为侵犯数法益，应当数罪并罚。

116. [考点] 贪污罪

[答案] A

[解析] A 正确。受委托管理国有财产的人员属于贪污罪的主体。

B 错误。通过犯罪所得的财产也是国有单位占有的财产，所以乙构成贪污罪。

C 错误。丙的行为构成受贿罪。

D 错误。丁的行为之所以构成贪污罪，是因为其基于职务占有了公共财物。

117. [考点] 挪用公款罪

[答案] BD

[解析] A 正确。超期未还和营利活动在前者的范围内重合。

B 错误。将公物变卖就变成了公款，所以乙构成挪用公款罪。

C 正确。数行为侵犯数法益。

D 错误。营利活动和非法活动在营利活动的范围内重合。

本题为选非题，故答案为 BD。

118. [考点] 受贿罪

[答案] C

[解析] A 错误。由于张三所谋取的是正当的利益，因此，张三不构成行贿罪；甲利用的是对下属有制约关系的职务之便，所以构成普通的受贿罪。

B 错误。离退休领导李四对组织部长有一定的影响力，只要李四有过许诺，就构成利用影响力受贿罪。

C 正确。如果将其中的"违法活动"既作为构成行贿罪的成立条件，又作为从重处罚的情节，就存在重复评价。而且，将"为实施犯罪活动而行贿"作为从重处罚情节，不利于处理罪数关系。因此，《刑法修正案（十二）》没有规定这一项从重处罚情节。

D错误。离退休人员的事后受贿必须有约定。

119. [考点]贿赂犯罪

[答案]A

[解析]A错误。A中监狱的行为构成单位受贿罪，张某的行为构成对单位行贿罪。

B正确。如果王某的父亲知情，则王某的父亲与王某构成受贿罪的共犯，张某构成行贿罪；如果王某的父亲不知情，则王某构成利用影响力受贿罪，张某构成对有影响力的人行贿罪；如果王某收受钱物后没有向父亲提出请求，则王某构成诈骗罪。

C正确。行贿人丙的行为构成行贿罪，但属于行贿未遂。由于张三的行为不构成受贿罪，因此李四非受贿罪的帮助犯，也不构成利用影响力受贿罪。同时，李四的行为也不构成行贿罪，因为其目的不是送钱，而是以为自己在帮助丈夫收钱，由于缺乏受贿的实行行为，这种受贿的帮助未遂不构成受贿犯罪。

D正确。只有当行贿人主观上所要谋取的不正当利益在客观上也不具有正当性时，才可能构成行贿罪；否则，就可能导致行为人仅因不了解相关政策而构成行贿罪。由于为谋取不正当利益而给予国家工作人员以财物的行为，在某种意义上是唆使或者帮助国家工作人员实施违反职务行为公正性的行为，因此行贿罪不仅侵害了职务行为的不可收买性，而且侵害了职务行为的公正性。

本题为选非题，故答案为A。

120. [考点]渎职犯罪

[答案]ACD

[解析]A正确。受贿后又徇私枉法的，应当从一重罪论处，但如果受贿后实施其他渎职犯罪，一般都应当数罪并罚。徇私枉法罪中的刑事审判包括附带民事审判活动，但不包括执行期间的审判，如假释、减刑、暂予监外执行，在上述活动中徇私枉法的，构成《刑法》第401条规

定的徇私舞弊减刑、假释、暂予监外执行罪。A 中，缓刑是刑事审判，法官构成受贿罪和徇私枉法罪，从一重罪论处。

B 错误。《刑法》第 411 条规定，海关工作人员徇私舞弊，放纵走私，情节严重的，处 5 年以下有期徒刑或者拘役；情节特别严重的，处 5 年以上有期徒刑。本罪的主体是海关工作人员。

C 正确。C 中，王某利用了影响力谋取了不正当利益，构成利用影响力受贿罪和徇私枉法罪的教唆犯，存在两个行为，应当数罪并罚。

D 正确。D 中，负有环境保护监督管理职责的国家机关工作人员严重不负责任，导致发生重大环境污染事故，致使公私财产遭受重大损失或者造成人身伤亡的严重后果的，依照《刑法》第 408 条的规定，构成环境监管失职罪（这是特殊的玩忽职守类型，按照法条竞合原理，特别法优于普通法，排除玩忽职守罪的成立）。

答案速查表

题号	答案	题号	答案	题号	答案
1	ACD	26	BC	51	ABD
2	D	27	BD	52	BC
3	AB	28	BD	53	AC
4	AB	29	ACD	54	ABD
5	D	30	AC	55	AD
6	ABC	31	ABD	56	ABD
7	AD	32	D	57	ABCD
8	ACD	33	AC	58	ABC
9	A	34	C	59	ACD
10	BCD	35	AB	60	C
11	BCD	36	BCD	61	AD
12	A	37	ABCD	62	BCD
13	AC	38	ABD	63	B
14	AC	39	B	64	AC
15	A	40	ACD	65	B
16	ACD	41	ABC	66	ABC
17	BC	42	BCD	67	AC
18	AB	43	ABD	68	ABCD
19	ABC	44	ABCD	69	ABCD
20	BD	45	B	70	A
21	ABD	46	C	71	ABD
22	ABCD	47	AD	72	B
23	A	48	ACD	73	AB
24	ABCD	49	AB	74	A
25	BC	50	CD	75	BC

题号	答案	题号	答案	题号	答案
76	BC	91	AD	106	AD
77	ABCD	92	AC	107	AD
78	A	93	ABC	108	BCD
79	BC	94	AB	109	B
80	BCD	95	B	110	AD
81	B	96	ABCD	111	C
82	ABC	97	ABCD	112	ABCD
83	C	98	CD	113	ACD
84	ABCD	99	BC	114	C
85	ABD	100	BD	115	ABD
86	ABC	101	A	116	A
87	A	102	BC	117	BD
88	ABCD	103	C	118	C
89	AB	104	ABCD	119	A
90	BCD	105	AD	120	ACD

声　明　1. 版权所有，侵权必究。

2. 如有缺页、倒装问题，由出版社负责退换。

图书在版编目（CIP）数据

金题卷. 刑法突破 120 题 / 罗翔编著. -- 北京 ：中国政法大学出版社，2024. 7. -- ISBN 978-7-5764-1563-6

Ⅰ. D920.4

中国国家版本馆 CIP 数据核字第 202414QD07 号

出　版　者	中国政法大学出版社
地　　　址	北京市海淀区西土城路 25 号
邮寄地址	北京 100088 信箱 8034 分箱　邮编 100088
网　　　址	http://www.cuplpress.com（网络实名：中国政法大学出版社）
电　　　话	010-58908285(总编室) 58908433（编辑部）58908334(邮购部)
承　　　印	三河市华润印刷有限公司
开　　　本	787mm×1092mm　1/16
印　　　张	7.5
字　　　数	160 千字
版　　　次	2024 年 7 月第 1 版
印　　　次	2024 年 7 月第 1 次印刷
定　　　价	45.00 元

厚大法考（北京）2024年客观题面授教学计划

班次名称		授课时间	标准学费(元)	阶段优惠(元)			备注
				6.10前	7.10前	8.10前	
暑期系列	暑期主客一体班	7.5~主观题考前	15800	主客一体，无优惠。客观题成绩合格，凭成绩单读主观短训班；客观题未通过，全额退费。			配备本班次配套图书及随堂内部资料
	暑期全程班	7.5~9.5	13800	8800	9300	已开课	
冲刺系列	考前密训A班	8.16~9.5	8800	客观题成绩合格，凭成绩单读主观密训班；客观题未通过，退8000元。			
	考前密训B班	8.16~9.5	6980	4500	4800	5100	

厚大法考（北京）2024年主观题面授教学计划

班次名称		授课时间	标准学费(元)	阶段优惠(元)			备注
				6.10前	7.10前	8.10前	
冲刺系列	主观实战演练班	9.3~10.16	17800	11800	12800	13800	配备本班次配套图书及随堂内部资料
	主观短训A班	9.28~10.16	12800	一对一批改；专属自习室；专项训练，短时高效，全方位提升应试能力。			
	主观短训B班	9.28~10.16	12800	7300	7800	8300	

其他优惠：

1. 3人（含）以上团报，每人优惠500元。
2. 厚大老学员在阶段优惠基础上再享95折，不再适用团报政策。
3. 协议班次无优惠，不适用以上政策。

【总部及北京分校】北京市海淀区花园东路15号旷怡大厦10层厚大法考

咨询电话：4009-900-600-转1-再转1　　18610642307 陈老师

厚大法考服务号

扫码咨询客服
免费领取2024年备考资料

厚大法考（上海、南京、杭州）2024年主观题面授教学计划

班次名称		授课时间	标准学费（元）	阶段优惠(元)		
				6.10前	7.10前	8.10前
冲刺系列	主观短训班	9.23~10.16	14800	9300		9800
	主观短训VIP班			①专属辅导，一对一批阅；②赠送专属自习室		
	主观决胜班	9.30~10.16	12800	7300		7800
	主观决胜VIP班			①专属辅导，一对一批阅；②赠送专属自习室		
	主观点睛冲刺班	10.10~10.16	6800	4280		4580

优惠政策：

1. 多人报名可在优惠价格基础上再享团报优惠：3人（含）以上报名，每人优惠200元；5人（含）以上报名，每人优惠300元；8人（含）以上报名，每人优惠500元。
2. 厚大面授老学员报名再享9折优惠。

PS：课程时间根据2024年司法部公布的主观题考试时间相应调整。

【松江教学基地】上海市松江大学城文汇路1128弄 双创集聚区三楼301室　咨询热线：021-67663517
【南京分校地址】江苏省南京市江宁区宏运大道1890号厚大法考南京教学基地　咨询热线：025-84721211
【杭州分校地址】浙江省杭州市钱塘区二号大街515号智慧谷1009室　咨询热线：0571-28187005

厚大法考APP　　厚大法考官博　　上海厚大法考官博　　南京厚大法考官博　　杭州厚大法考官博

厚大法考（广州、深圳、成都）2024年主观题面授教学计划

班次名称（全日制脱产）		授课时间	标准学费（元）	阶段优惠(元)			配套资料
				7.10前	8.10前	9.10前	
首战系列	主观短训班	9.1~10.8	18800	11300	11800	12800	沙盘推演 随堂讲义
	首战告捷班	9.18~10.8	16800	10000	10800	11000	
	主观衔接班	9.24~10.8	14800	9300	9800	10200	随堂 内部资料
	主观密训营	10.1~10.8	10800	8300	8800	9000	

【广州分校地址】广东省广州市海珠区新港东路1088号中洲交易中心六元素体验天地1207室　咨询热线：020-87595663
【深圳分校地址】广东省深圳市罗湖区滨河路1011号深城投中心7楼　咨询热线：0755-22231961
【成都分校地址】四川省成都市成华区锦绣大道5547号梦魔方广场1栋1318室　咨询热线：028-83533213

扫码了解广州更多优惠　　扫码了解深圳更多优惠　　扫码了解成都更多优惠